Leo Martin

Ich durchschau dich!

LEO MARTIN

ICH DURCHSCHAU DICH!

Menschen lesen –
Die besten Tricks des Ex-Agenten

ARISTON

Disclaimer: Alles, was Sie hier lesen werden, beruht auf wahren Begebenheiten. Zum Schutz der Informanten und Agenten sowie aus rechtlichen Gründen wurden Namen und Eigenschaften der handelnden Personen abgeändert, Orte und Sachverhalte variiert. Trotzdem werden Sie der Realität kaum näherkommen als in diesem Buch.

FSC
www.fsc.org
MIX
Papier aus verantwortungsvollen Quellen
FSC® C014496

Verlagsgruppe Random House FSC-DEU-0100
Das für dieses Buch verwendete FSC®-zertifizierte Papier *EOS* liefert Salzer Papier, St. Pölten, Austria.

Bibliografische Information der Deutschen Bibliothek

Die Deutsche Bibliothek verzeichnet diese Publikation in der Deutschen Nationalbibliografie; detaillierte bibliografische Daten sind im Internet unter http://dnb.ddb.de abrufbar.

Mitarbeit: Shirley Michaela Seul
Redaktion: Birgit Bramlage
Umschlaggestaltung: Weiss | Werkstatt | München,
unter Verwendung eines Fotos von © Kay Blaschke
Satz: EDV-Fotosatz Huber / Verlagsservice G. Pfeifer, Germering
Druck und Bindung: GGP Media GmbH, Pößneck
Printed in Germany 2012

ISBN 978-3-424-20072-0

INHALT

Es kann auch Sie treffen: Es klingelt an Ihrer Tür, und da steht ein Herr, den Sie nicht kennen. Ohne Umschweife fragt er Sie: »Kann ich bei Ihnen einziehen für ein, zwei Monate?« Der Herr macht nicht den Eindruck zu scherzen, im Gegenteil. Die Lage ist ernst. Einzig und allein Ihre Wohnung kommt für den Geheimdienst infrage, um ein Zielobjekt zu beobachten. Wie reagieren Sie?

MENSCHENKENNTNIS: DIE LEBENSVERSICHERUNG DES GEHEIMAGENTEN

Menschenkenntnis bedeutet, dass man andere treffsicher einschätzen kann. Manchmal hat man dafür nur den Bruchteil einer Sekunde Zeit. Wird er abdrücken oder nicht …? Nur wer andere im Alltag durchschaut, wird auch in einer Extremsituation das Richtige tun.

Der überwiegende Anteil der Probleme im menschlichen Miteinander beruht auf dem einfachen Grund, dass jeder von sich selbst ausgeht. Jeder glaubt, andere müssten die Dinge genauso sehen wie er selbst. Es braucht keine höhere Mathematik, um sich auszurechnen, dass es so nicht funktionieren kann.

Die Frage ist also: Wie tickt der andere? Und wie ticken Sie? Ticken Sie so, dass Sie glauben, alle anderen ticken wie Sie? Und diejenigen, die das nicht tun, sind … komisch, anders? Mein russischer V-Mann Tichow würde solche Leute *Idioten* nennen.

Nur mal angenommen, das würden die anderen auch von Ihnen denken. Nur mal angenommen, jeder tickt wirklich anders. Das wäre der blanke Horror … oder eine interessante Variante, die spannende Begegnungen ermöglicht? Die Wahrheit ist: Wenn wir nicht berücksichtigen, dass jeder anders tickt, handeln wir uns zwangsläufig Ärger, Frust, Enttäuschung und Misstrauen ein. Zum Glück gibt es nicht nur Unterschiede, es gibt auch Ähnlichkeiten.

Die Kunst liegt darin, einen anderen Menschen so schnell wie möglich zu durchschauen, um dann einen gemeinsamen Takt zu finden. Nicht für immer. Aber doch so lange, bis ein Vertrauensverhältnis entsteht, das einen Rhythmuswechsel oder eine kleine oder größere Disharmonie verträgt.

Auch in diesem Buch begleiten Sie mich wieder auf einer Mission. Der Ablauf ist Ihnen bekannt, wenn Sie *Ich krieg dich!* gelesen haben. Wenn nicht, können Sie das gerne nachholen. Es ist aber keine Voraussetzung für Ihren Einsatz. Ich bin sicher, dass wir auch so ein starkes Team bilden. Damit Sie Ihre Agentenkompetenz weiter schulen können, verrate ich Ihnen einige grundlegende Entschlüsselungscodes zum Thema Menschenkenntnis. Machen Sie sich darauf gefasst, dass diese Informationen Ihren Blick auf die Menschen in Ihrer Umgebung gravierend verändern werden. Und Ihr Verhalten … und das der anderen. Wo Agenten unterwegs sind, verändert sich die Welt – im Großen wie im Kleinen. In diesem Buch habe ich oft die grammatisch männliche Form gewählt, betrachten Sie diese bitte als Deckmantel. Selbstverständlich ist mir bewusst, über welche herausragenden Fähigkeiten Agentinnen … und Leserinnen verfügen!

Wer andere durchschaut

- hat mehr Einfluss
- versteht Mitmenschen und Situationen schneller und besser
- erkennt Hindernisse frühzeitig und kann sie deshalb umgehen oder beseitigen
- kommuniziert erfolgreicher
- vermeidet Missverständnisse, böse Überraschungen und Enttäuschungen
- erreicht seine Ziele rascher und angenehmer
- genießt ein schönes Leben

Für Agenten und Agentinnen ist Menschenkenntnis eine Grundvoraussetzung. Ein Agent beim Geheimdienst muss vorhersehen, wie V-Leute, Zielpersonen, aber auch Chefs und Kollegen sich in brenzligen Situationen voraussichtlich verhalten werden. Von der Menschenkenntnis eines Agenten hängen Menschenleben ab. Sie besteht nicht nur aus Erfahrung und Intuition, sondern basiert auf solidem Wissen über menschliche Denk- und Verhaltensmuster. Beides werden Sie sich in einem Fall im Milieu von Schleusern und Menschenhändlern erwerben. Keine Angst, Sie werden nicht unvorbereitet in die kriminellen Kreise geschickt. Im Agentenhandbuch, dem theoretischen Teil Ihres Trainings, erfahren Sie stets alles Wissenswerte, um die Herausforderungen zu bestehen und sich den Zugang zur nächsten Mission zu erwerben.

Das Thema Menschenkenntnis ist so alt wie die Menschheit selbst. Seit den 1950er-Jahren versuchen auch Wissenschaftler, innerhalb und außerhalb der Geheimdienste, mit mehr oder weniger ausgefeilten Tests die Persönlichkeit des Menschen hochdifferenziert zu erfassen. Der Vorteil dieser wissenschaftlichen Modelle liegt im Gegensatz zu den kulturgeschichtlichen Modellen darin, dass sie für die statistische Auswertung auf große Datenmengen zurückgreifen und in ihrem Vorgehen auf Wertungen verzichten. Sie stellen einfach dar, bilden ab, was ist, und verzichten auf eine Klassifizierung in gut/schlecht, positiv/negativ oder richtig/falsch. Auch die Modelle aus dem Agentenhandbuch, die Sie gleich kennenlernen werden, verzichten ganz bewusst auf diese Einordnung.

Manche dieser modernen Modelle haben allerdings auch einen kleinen Nachteil: Sie sind nicht alltagstauglich, denn aufgrund ihres hohen Differenzierungsgrades erfordern sie aufwendige schriftliche Analysen und eine wissenschaftliche Auswertung durch Experten. Das hilft weder dem Agenten im Untergrund noch dem Trainer mit seiner Mannschaft, dem Verkäufer im Außendienst, dem Chef mit seinem Team, der Mutter mit ihren Kindern, noch Ihnen auf Ihren Missionen.

Stellen Sie sich vor, wir müssten Menschen beim Kennenlernen zuerst einmal bitten, einen zehnseitigen Fragebogen auszufüllen, um uns mit ihren Vorlieben, Fähigkeiten und Gewohnheiten vertraut zu machen. Oder Sie müssten einen Menschen, der Ihnen zum ersten Mal begegnet, im Geiste nach fünfzehn oder noch mehr Kriterien einordnen …

Schnell wäre unser Gehirn überfordert – vor lauter Überlegen: Welchem dieser vielen Typen ist mein Gegenüber zuzuordnen und wie soll ich darauf reagieren?

In *Ich durchschau dich!* lernen Sie die Modelle aus dem Agentenhandbuch kennen, die Ihnen im Alltag helfen, Ihr Gegenüber zu durchschauen, und lernen zielführend, mit ihm zu kommunizieren.

Das Abschöpftreffen: reine Routine?

München, Donnerstag, 2. September, 14:05 Uhr

Um 14:30 Uhr war ich mit meinem V-Mann Tichow verabredet und soeben im Begriff, das Haus, wie wir Agenten unser Hauptquartier intern nennen, zu verlassen. Da klopfte Sabine, meine Kollegin aus der Fallanalyse, an die Tür.

»Leo, ich hab da was!« Sie legte eine Mappe auf meinen Tisch. Schwarz, nicht rot. Ich entspannte mich. Schwarz warf keine Pläne um. Schwarz konnte warten, bis ich zurück war.

»Ich fahr gleich auf Treff.«

»Okay, dann bis nachher.«

»Mit dem größten Vergnügen«, grinste ich, und sie grinste zurück. Wir arbeiteten schon eine Weile zusammen und hatten gewisse Spielchen etabliert.

Agenten treffen ihre V-Leute regelmäßig, immer an wechselnden Orten. Die Treffpunkte werden niemals per Telefon besprochen. Man verabredet sich dort »Wo neulich dem Jungen das Eis auf den Boden gefallen ist«, »Wo du letztes Mal aus dem Auto ausgestiegen bist« oder »An der Halle, wo die Paletten gestapelt sind«.

Dieses Vorgehen ist ein Relikt aus der Zeit, als Nachrichtendienste sich noch gegenseitig bekämpften und keine Leitung sicher war. Seinerzeit war das eine notwendige Vorsichtsmaßnahme. In der Spionageabwehr ist diese Vorsicht bis heute geboten. Im Milieu der organisierten Kriminalität, in dem mein V-Mann Tichow verkehrte, konnte sie auch mal vernachlässigt werden. Tichow war als Geldkurier für die Russenmafia unterwegs gewesen, als ich ihn für den Dienst anwarb. Wo er sonst noch überall mitmischte, konnte ich nur ahnen. In den letzten Monaten hatte er sich zu einem wahren Ass entwickelt und war, was ich ihn allerdings niemals würde wissen lassen, mein bester Mann geworden. Eine Quelle, die sprudelte. Intern wurde er mitunter als Geheimwaffe bezeichnet. Tichow war nicht nur intelligent, er war auch flexibel, cool, clever und trotz einer gewissen Dreistigkeit überaus charmant. Vor allem war er nicht ganz so abgestumpft wie viele seiner kriminellen Kollegen. Das mochte auch an seinem chronisch kranken Sohn liegen, der bei seiner Mutter in Kasan lebte, einer Stadt in Russland, direkt an der Wolga. Schicksalsschläge können Sicht- und Verhaltensweisen stark beeinflussen.

Tichow verfügte über eine herausragende Beobachtungsgabe. Er lieferte dem Dienst präzise Informationen, die schon mehrmals zu großen Erfolgen geführt hatten. Erfolge, von denen er nur teilweise wusste. So wie ich auch nicht alles von ihm wusste. Das sah ich mit einem lachenden und einem weinenden Auge. Lieber wäre es mir gewesen, Tichow hätte über alles mit mir gesprochen. Realistisch war eine solche Erwartung nicht. Ein guter V-Mann betreibt seine eigenen Geschäfte, nebenbei. Nur wer immer irgendwie im Geschäft und im Gespräch bleibt, kommt im Milieu an die wichtigen Informationen.

Es gab lediglich fünf Menschen, die Tichows wahre Identität kannten. Sabine, sie hatte Tichow getippt – so nennt man es, wenn jemand mit V-Mann-Potenzial in der Szene auffällt und zur Ansprache vorgeschlagen wird. Wie so oft hatte sie einen guten Instinkt bewiesen. Ich hatte Tichow angeworben. Außer uns beiden kannten nur noch unser Chef und zwei Mitarbeiter aus dem Bereich für operative Sicherheit seine wahre Identität. Für alle anderen Agenten des Geheimdienstes, selbst die Kollegen, die eng mit uns zusammenarbeiteten, war er lediglich Deckname Tichow. Auch das ist eine Sicherheitsmaßnahme, ein Standard, um V-Männer zu schützen. Quellenschutz ist das oberste Prinzip des Nachrichtendienstes. Die Bibel des Agenten. Auch Tichow musste seine Zusammenarbeit mit uns streng geheim halten. Weder seine Frau, seine Freundin, noch seine besten Freunde durften jemals davon erfahren – zu seinem eigenen Schutz. Sollte er unsere Bekanntschaft dennoch offenlegen, würden wir sogar abstreiten, ihn zu kennen. Vermutlich würde ihm sowieso niemand glauben. Ein guter V-Mann hat keine Schwierigkeiten. Das ist seine Lebensversicherung, und auch sie basiert auf seiner Menschenkenntnis. Sobald sein Nebenjob für den Geheimdienst innerhalb des Milieus auffliegt, kann es unangenehm für ihn werden. Er verliert nicht nur seine wirtschaftliche Existenzgrundlage und sein soziales Umfeld, es kann um alles gehen: sein Leben.

Die erste Spur: der Geruch der Angst

Um 14:30 Uhr stieg Tichow in meinen dunklen BMW mit den getönten Scheiben.

»Hallo Leo«, sagte er mit seinem russischen Akzent.

»Servus«, erwiderte ich.

Wie immer machte er Anstalten, sich eine Zigarette anzuzünden, und wie immer sagte ich: »Die Viertelstunde wirst du noch aushalten.«

Grinsend steckte er die Kippe zurück in die Packung. Er hatte gute Laune. Schön. Manchmal war Tichow schwermütig, dann waren die Treffen mühsam. Wenn er gute Laune hatte, sprudelte er nur so heraus und erzählte mir manches, was ich hören wollte, und vieles, was ich nicht hören wollte. Aus Erfahrung wusste ich, dass sich bei ihm die Perlen zwischen den Zeilen verstecken konnten. Er servierte sie nicht unbedingt auf dem Silbertablett, denn oft wusste er nicht, worin ich eine Perle entdeckte. So blieb ich wachsam, während ich den Wagen über den Mittleren Ring Richtung Westen lenkte. Mit Tichow fuhr ich immer an Orte, an denen wir nicht mit seinen Kollegen rechnen mussten, meist in den Speckgürtel um München. Bei schlechtem Wetter blieben wir im Wagen sitzen, manchmal tranken wir Kaffee bei McDonald's oder liefen eine Runde zu Fuß. In der Regel dauern solche Abschöpftreffen zwischen sechzig und neunzig Minuten. Ziel der Treffen ist es, die aktuellen News aus dem Untergrund zu erhalten. Wer macht wann, mit wem, welche Geschäfte? Gibt es etwas Neues im Umfeld, Gerüchte, Trends, Tendenzen? All diese Informationen würde Sabine nach unserem Treffen überprüfen. Vieles, das war üblich, würde sich als heiße Luft herausstellen. Doch in einem Dutzend Infos gab es auch immer mal einen Treffer. Heute sah es nicht danach aus. Tichow quatschte mir während zwanzig Kilometern Autobahn ein halbes Ohr ab. Erzählte mir von einem neuen Restaurant, das er entdeckt hatte, beschrieb mir bis aufs Kleinste gemahlene dunkelgrüne Pfefferkorn, sein Hauptgericht, und das Muster auf den schwarzen Strümpfen der Bedienung. Wie immer, wenn er sich in solchen Details verlor, spürte ich, wie die Unruhe in mir zu brodeln begann. Warum kam er nicht endlich auf den Punkt! Allmählich müsste er doch mal begriffen haben, worum es mir ging und was mich interessierte. Nein, Tichow erzählte, wie er nach Hause gefahren war, welche Schleichwege er diesmal ausprobiert hatte, um sein Navi zu ärgern, und welche Autos um diese Uhrzeit noch unterwegs waren. »Sehr viele Audis bei Ingolstadt!« O Wunder. Obwohl die Verlockung abzuschalten groß war, blieb ich aufmerksam. Ich unterbrach ihn nicht und zügelte meine Ungeduld, indem ich ihm innerlich Anerkennung für seine außerordentliche Beobachtungsgabe zollte. Als ich den Wagen auf einem Feldweg zwischen mannshohem Mais parkte, der daran erinnerte, dass der Sommer sich seinem Ende zuneigte, war Tichow bei seiner neuen Flamme angelangt.

»Aber du hast doch schon drei Frauen«, erinnerte ich ihn.

»Ist ja nichts Festes.«

»Dass dir das nicht zu stressig ist«, wunderte ich mich.

»Weißt du Leo, Leben ist bunt.«

»Irgendwann wird dir eine von denen die Hölle so richtig heißmachen. Vermutlich die, mit der du verheiratet bist«, scherzte ich.

»Die ist weit weg«, grinste er. »Außerdem: Habe ich immer Glück im Leben, Leo. Auch gestern.«

»Wollen wir da runterlaufen?«, fragte ich ihn. Später, als ich das Gespräch Revue passieren ließ, dachte ich, dass ich hier schon hätte nachfragen sollen. Ich unterließ es wohl, weil ich befürchtete, mein eigentlicher Auftrag, aktuelle Informationen abzuschöpfen, könnte in einem weiteren Schwall zahlreicher Details zu privaten

Nebensächlichkeiten untergehen. Obwohl ich in den letzten Jahren an meiner Ungeduld gearbeitet hatte, hörte ich mir ungern akribische Schilderungen belangloser Ereignisse an. Wenn es um einen Fall ging, ja, dann konnte ich nicht genug Details kriegen. Das Intervall der Ampelschaltung an der Georgenstraße im Vergleich zu dem an der Belgradstraße gehörte nicht dazu. Auch nicht, wenn eine hammermäßige Rothaarige im Z3 nebenan saß.

Tichow stieg aus. »Du willst immer spazieren gehen, nur, damit ich in deinem Auto nicht rauche! Scheiß drauf, ist doch ein Dienstwagen!« Er griff sich einen der jungen Maiskolben, drückte ihn prüfend, brach ihn aber nicht ab, und zündete sich eine Kippe an. Dann gingen wir los. Endlich erzählte Tichow die Geschichten, die für mich interessanter waren. In seiner Berliner Clique war ein Typ aus St. Petersburg aufgetaucht, der ständig mit einem Oleg telefonierte, von dem er irgendwelche Anweisungen erhielt. Tichow konnte noch nicht sagen, worum es ging, doch die Sache konnte Potenzial haben. »Kann ich dir nicht erklären, Leo. Ist nur so ein Gefühl. Da bleib ich dran.«

»Sonst noch was?«, fragte ich. So richtig konkret war das nicht, aber egal. Beim nächsten oder übernächsten Mal oder nächsten Monat würde er mehr dazu wissen. Agentenalltag. Tichow war immer für eine Überraschung gut. Davon abgesehen war sein »Gefühl« ein verdammt treffsicherer Instinkt. Seine feine Spürnase hatte schon einige Fälle im Vorfeld gewittert.

Als alle aktuellen Fälle abgehakt waren und wir zum Wagen zurückgingen, lenkte ich das Gespräch zu privaten Themen. Die Abschöpfung war für mich beendet.

»Was machst heut noch?«, fragte ich ihn.

»Ich geh jetzt auf'n Bier zu Wasilij.«

»In den Zockerladen am Hauptbahnhof? Da hängst du aber oft rum in letzter Zeit.«

»Das ist kein Zockerclub«, widersprach er empört. »Das ist ein erstklassiges Casino. Und wenn Sophia da ist …« Er schnalzte mit der Zunge.

»So heißt also deine neue Flamme«, kombinierte ich.

»Sehr heiß!«, bestätigte er.

»Verzock nicht deine ganze Kohle wegen der!«

»Ich verzock da gar nix, ich geh da mit mehr Kohle raus, als ich rein bin.«

»Wie meinst du das?«

»Kennst du Bülent?«

»Den Chef von dem Busunternehmen neben dem … erstklassigen Casino?«

Tichow nickte. »Der ist Stammgast. Hat er mich gefragt, ob ich jemand nach Detmold fahre. Bus hat sich nicht gelohnt. Waren nur zwei. Hat mir 150 Euro angeboten. Habe gesagt, bist du blöd. Rechne mal. Brauche ich allein 300 Euro für Sprit. Habe ich 1000 gesagt, hat Bülent 800 gesagt.« Strahlend hielt er mir ein Bündel 50-Euro-Scheine unter die Nase.

»Bülent gibt dir 800 Euro dafür, dass du zwei Leute in die Pampa fährst?«, staunte ich.

»900. Ich bin ein sehr guter Fahrer!«

»Sicher.«

»Die zwei waren komisch.«

»Wo kamen die denn her?«

»Iran, Irak, irgendwo. Habe nichts verstanden.«

»Wie habt ihr euch unterhalten?«

»Gar nicht. Bülent hat mir einen Zettel gegeben mit Adresse in Detmold. Kennst du Detmold, Leo? Da gibt es …«

Nun unterbrach ich ihn doch, ehe er mir die Schwanensee-Ballerina auf dem Plakat des Landestheaters, wegen der er unbedingt noch mal dorthin musste und sich vorübergehend vermutlich brennend für Tanz und Kultur interessieren würde, bis in die letzte

Spitze beschrieb. Bei Tichow gab es mehr Tage, an denen er sich in den letzten Klitzekleinigkeiten verlor als solche, an denen er sich auf das Wesentliche konzentrierte. Womöglich hing das mit seiner Form zusammen. Oder mit dem Thema. Wenn er müde war oder genervt, sprach er auch deutlich schlechter Deutsch, und weniger. Genau, wie dann, wenn er nicht verstehen wollte.

»Wie alt waren die Männer?«

»Der eine jünger als ich. Dreiundzwanzig, fünfundzwanzig, der andere um die dreißig.«

»Also so alt wie du«, erinnerte ich ihn.

»Aber komische Leute, Leo. Bin ich natürlich schnell gefahren, weil ich wollte zurück. Haben die immer große Augen gemacht«, Tichow riss seine blauen Augen auf, sodass ich befürchtete, sie würden ihm gleich rausfallen. »Hatte schon Angst, die kotzen mir ins Auto. Musste ich langsamer fahren. Unter zweihundert.«

»Da bist du ja kaum vom Fleck gekommen«, nickte ich mitfühlend.

Er grinste. Und dann wurde es doch noch interessant. Warum hatte er das nicht gleich erzählt: »Einmal, Leo, sind wir hinter den Bullen hergefahren. Haben die zwei geschwitzt wie Schweine. Alles nass, Gesichter rot. Besonders der Alte. Hat mir gezeigt, dass er mal muss. Aber ich glaube, die wollten nur weg von den Bullen. Bin ich auf Parkplatz gefahren. Hat mich schon wieder Zeit gekostet. In Detmold an der Ampel stand noch ein Bullenwagen neben uns. Da haben sie erst recht geschwitzt. Und gestunken, Leo. Ich habe Angst gerochen.« Er blähte die Nasenflügel. Dann regte er sich auf: »Das habe ich nicht gewusst!«

Wie echt seine Entrüstung war, konnte ich nicht beurteilen. Aber etwas anderes: Sicher erzählte er mir die Geschichte erst jetzt, weil er ein schlechtes Gewissen hatte. Er konnte nie sicher sein, was ich schon wusste, und was nicht. Aber er wusste, wenn er mit einer Straftat aufflog, und sei es nur als Fahrer zweier Flüchtiger, illegal Eingereister oder Drogenkuriere oder sonst was, dann würde er mit den Konsequenzen leben müssen. Ich würde ihm keinesfalls helfen. Sonst wäre er als V-Mann enttarnt. Außerdem könnte er durch solche eigenmächtigen und riskanten Aktionen unsere Operationen gefährden, wenigstens unnötig erschweren.

»Hast du Bülent darauf angesprochen?«, erkundigte ich mich.

Empört holte Tichow Luft. »Ich zu Bülent. Hey du Arschloch! Was waren das für welche? Wenn ich Stress mit den Bullen krieg wegen dir! Das vergisst du nicht. Hat Bülent gesagt: ›Hast du gutes Geld verdient.‹ Habe ich gesagt: …«, er ließ einen kernigen Fluch in russischer Sprache folgen. Auf die Übersetzung verzichte ich hier.

»Musst du lernen meine Sprache, Leo!«, verlangte Tichow, schlagartig wieder gut gelaunt. Der Fluch schien Wunder gewirkt zu haben. Ich würde mich hüten, meinem V-Mann anzuvertrauen, dass ich mehr verstand, als ihm lieb war. Bei den Flüchen gab es allerdings noch Lücken. Tichow klopfte mir auf die Schulter. »Egal. Habe gutes Geld verdient. Sprit extra. Hat Bülent mir dann noch gegeben.«

»Super Deal«, beglückwünschte ich ihn.

»Да«, bestätigte er mit dem russischen Ja, »Da« gesprochen.

AUS DEM AGENTENHANDBUCH

Lupe oder Weitwinkel?

Tichow erzählte mir nicht nur detailliert vom Geruch der Angst und von dem Muster auf der Strumpfhose der Kellnerin. Er war ein Lupentyp. Seine Aufmerksamkeit richtete sich häufig auf Details – was ihn zum V-Mann prädestinierte. In anderen Situationen konnte er sich auch einen Überblick verschaffen. Aber diese Gelegenheiten waren seltener. Somit verfügte er über zwei wichtige Eigenschaften: Detail- und Überblicksorientierung. Keines von beiden ist besser. Es gibt Momente, in denen ist der Überblick wichtiger als ein Detail, und es kann genau umgekehrt sein. Jeder von uns beurteilt dies von Fall zu Fall. Was ist jetzt wichtiger? Und das ist dann seine Realität. Hier gibt es kein Richtig und kein Falsch. Für uns Agenten ist es wichtig zu wissen, dass gewisse Dominanzen bestehen, dass Menschen sich je nach Typ und Kontext eher so oder eher anders verhalten können. Wenn wir die jeweilige Präferenz erkennen, können wir unser Verhalten anpassen, um eine Mission besser zum Erfolg zu führen. Bekommt unser Gegenüber das, was es gerade erwartet, fühlt es sich verstanden und aufgehoben. Die inneren Türen bleiben offen für uns. Der andere ist bereit, auf unsere Vorschläge einzugehen und unsere Angebote anzunehmen.

Die Modelle zur Menschenkenntnis, die ich Ihnen in diesem Buch vorstelle, sind eine Auswahl jener Muster, von denen ich in meinem Agentenalltag am meisten profitieren konnte. Agenten und Agentinnen sind Meister der Informationsbeschaffung –

nicht nur bei geheimen Ermittlungen, sondern auch in den Methoden und Techniken zur Informationsbewertung – ihrem psychologischen Handwerkszeug. Dabei geht es nicht darum, das Rad neu zu erfinden, es geht auch nicht darum, sich in jedes kleinste Detail der unzähligen Erklärungsmodelle für menschliches Verhalten zu verbeißen. Wir konzentrieren uns auf pragmatische und für den Alltag taugliche Ansätze. Hier ist uns jedes Mittel recht. Egal ob altbewährt oder brandneu. Hauptsache, es versetzt uns in die Lage, Menschen besser zu durchschauen.

Wenn man die Facetten menschlichen Verhaltens nicht zu deuten weiß, kann es passieren, dass man öfter falsch liegt, als richtig. Oder, dass man sich ständig unverstanden fühlt, vielleicht sogar respektlos behandelt oder gar persönlich angegriffen. Man fühlt sich schlecht und ärgert sich. Aber warum? Weil der andere in einem anderen Takt tickt. Steht ihm das nicht zu? Eigentlich schon, schließlich nehmen wir das auch für uns selbst gern in Anspruch. Also können wir auch, was andere betrifft, etwas toleranter sein, oder? Agenten jedenfalls wissen, dass jeder in seiner eigenen Realität lebt.

Mancher Chef und manche Abteilungsleiterin wissen das nicht:

Der Chef Christian bittet seine Abteilungsleiterin Anika, kurz den Status eines Projektes zu schildern.

»Wir sind im Zeitplan«, erwidert Anika und möchte das Chefbüro flugs wieder verlassen, um im Zeitplan zu bleiben. Denn was soll sie sonst noch sagen?

»Wie, im Zeitplan?«, fragt Chef Christian nach, dem diese Antwort nicht genügt.

Abteilungsleiterin Anika führt in leicht genervtem Ton aus, dass die beauftragten Firmen pünktlich geliefert haben und man nun dabei sei, alles zusammenzuführen.

»Und sonst?«, fragt Christian.

Die Atmosphäre wird unangenehm. Anika fragt sich, was er von ihr will. Mehr als ihm zu versichern, dass alles prima läuft, kann sie doch nicht. Misstraut er ihr? Stimmt das Gerücht, dass er plant, die Abteilungen umzustrukturieren und ihre zwei besten Mitarbeiter in ein anderes Team versetzen will? Was hat er gegen sie?

Chef Christian fragt sich, was Abteilungsleiterin Anika vor ihm verheimlicht. Er würde gern mehr Details wissen. Welche Firma wann geliefert hat, in welchem Zustand die Ware ankam, ob die Mitarbeiter Überstunden machen, wie das Problem mit der Plastikfolie gelöst wurde ... Da er das alles nicht hört, muss er davon ausgehen, dass das Projekt den Bach runtergeht.

Es erspart eine Menge Ärger, wenn man erkennt, was der andere gerade erwartet, zu welcher Sorte Mensch er zählt: detailorientiert oder überblicksorientiert. Nicht nur im Job, auch im Privatleben!

Lisa und Robin sind erst kürzlich zusammengezogen und laden zu einer Housewarmingparty ein. Das führt zum ersten dramatischen Krach in der Beziehung. Lisa will alles ganz genau durchplanen. Sie will Listen schreiben. Wer was einkauft, die Reihenfolge, in der die Speisen zubereitet werden, welche Deko in welchen Farben, Einladungskarten mit Füller schreiben oder am Computer ausdrucken.

Robin findet das total albern. »Es reicht doch, dass wir wissen, wie viele Leute kommen und dass genug Getränke da sind.«

Lisa und Robin haben verschiedene Möglichkeiten. Sie können sich gegenseitig vorwerfen, sich nicht zu verstehen, sie können todunglücklich sein und sich allein fühlen – oder sie können erkennen: Du bist so und ich bin anders. Wie können wir ein Team werden?

Jeder von beiden kann nach seinen eigenen Vorlieben und Stärken zum Gelingen der Party beitragen, wenn ihnen diese bewusst sind. Dasselbe gilt für ein Team im Job. Deshalb sollten Sie, wenn Sie einen neuen Mitarbeiter oder eine neue Mitarbeiterin einstellen, unbedingt herausfinden, ob er oder sie sich lieber um die Details kümmert oder das große Ganze plant. Als Agenten wissen Sie, wie Sie Ihrem Gegenüber die nötigen Informationen entlocken: Sie lassen sich eine Situation, einen Ablauf oder ein Erlebnis beschreiben und achten auf die Schilderung und Wortwahl Ihres Gesprächspartners. Womöglich weiß er selbst gar nicht, ob er ein Lupentyp oder ein Weitwinkler ist. Aber Sie wissen es dann. Natürlich kennen Sie Ihre eigenen Präferenzen. Und Sie wissen: Defizite sind die besten Hinweisgeber auf das Potenzial eines Menschen! Jemand ist nicht so, weil er so ist und Punkt. Jemand ist so – Punkt, Punkt, Punkt. Machen Sie das Beste draus!

Viele Menschen beherrschen Lupe und Weitwinkel und wechseln je nach Anforderung zwischen ihnen hin und her. Dennoch sind sie bei genauer Betrachtung detail- oder überblickslastig, zeigen eine deutliche Dominanz in die eine oder andere Richtung.

Wie gut kennen Sie sich? Wann richten Sie Ihren Blick eher auf das große Ganze und wann auf die Details?

Stellen Sie sich vor, ich würde Sie in einen Fall einweisen. Wäre es Ihnen lieber, wenn ich Ihnen zuerst einmal die relevanten Eckpunkte erläutern würde? Oder hätten Sie es lieber, ich würde ganz von vorne beginnen, damals, als Tichow zwei Männer nach Detmold chauffierte? Manche Menschen können das Gesamtbild erst erkennen, wenn Sie die Details auflisten. Sie erobern sich den Wald Zweig für Ast und Baum für Baum. Andere können sich den Details erst widmen, wenn sie den Zusammenhang insgesamt einmal erfasst haben. Sie sehen zuerst den Wald und erkennen später, dass darin ja Bäume stehen. Und da hängen doch glatt Äste dran. Und Zweige obendrein!

Und wie ist das mit Ihrem Kunden, dem Sie gern einen Laptop verkaufen würden? Wieso ihn mit Details über Bits und Bytes vollquatschen, wenn ihn das gerade gar nicht interessiert? Er will doch bloß wissen, ob er das Gerät an den Fernseher anschließen kann. Wenn Sie unsicher sind: Fragen Sie Ihr Gegenüber, um Fehler zu vermeiden. »Soll ich Ihnen erst mal einen groben Überblick geben oder interessieren Sie sich für ein bestimmtes Detail?«

Die wenigsten Menschen möchten ausschließlich die Details oder das Gesamtbild kommunizieren. Als Agenten entwickeln Sie im Laufe der Zeit ein Gespür, wann was sinnvoll ist.

Gut ist es, die grundsätzliche Dominanz für das eine oder andere zu erkennen, dies gibt schon mal die grobe Richtung vor, Ihr Gegenüber wird berechenbar.

Aber Vorsicht vor pauschalen Bewertungen! Entscheidend ist es herauszubekommen: Ist mein Gegenüber jetzt, in diesem Augenblick, in diesem konkreten Fall, bei dieser einen Sache an Details oder am Überblick interessiert? Braucht die Person jetzt gerade jedes technische Detail, alle Informationen zum Hersteller, zum Kundenservice und zur Garantie oder will sie das iPad einfach schnell bezahlen und raus aus dem Laden? Auch wenn der Käufer sonst immer größten Wert darauf legt, bestens informiert zu sein und alle Kriterien recherchiert hat, nie ohne Rückversicherung durch die Stiftung Warentest entscheidet. Heute ist es eben anders, das kommt vor. Agentinnen und Agenten sind flexibel.

Woran erkennen Sie den Lupentyp?

Er fasst die Welt in Einzelteilen auf, erobert sie sich Schritt für Schritt, setzt ein Puzzle zusammen zu seinem Bild. Er nimmt nicht alles auf einmal wahr, sondern teilt auf in für ihn angenehme Portionen. Er gewinnt einen Überblick durch die Details. Er spricht gern in Folgen: Wenn, dann. Er beschreibt alles sehr genau. Personen und Orte nennt er beim Namen und legt ihre Bezüge offen. Er erklärt, wie das eine zum anderen kommt, und zählt häufig auf: erstens, zweiten, drittens. Er kommt gern, wie man so schön sagt, vom Hölzchen aufs Stöckchen. *Vorgestern, ich hatte gerade Zähne geputzt, wobei ich bemerkt habe, dass ich dringend Zahnpasta kaufen muss, letztens war sie mir ja mal ausgegangen, das ist noch nie passiert, jedenfalls war ich total spät dran, als ich dann endlich losgefahren bin, dabei wollte ich auf keinen Fall unpünktlich zu der Verabredung kommen, davon hing ja immerhin einiges ab, wie du weißt, habe ich wochenlang auf den Termin gewartet, aber wie zu erwarten, geriet ich wieder in diesen Stau, weil die doch diese Umleitung von nach über …*

Wenn er unterbrochen wird, fängt der Lupentyp gern wieder am Beginn der jeweiligen Sequenz an, in der er unterbrochen wurde. Das kennen wir übrigens alle, wenn wir etwas alphabetisch einsortieren und von A durchzählen, bis wir wissen, wann R kommt, oder wenn wir beispielsweise einen Schlager oder ein Kinderlied nur singen können, wenn wir mit der ersten Strophe beginnen. An einer einzigen Zeile würden wir scheitern, wir müssen die Sequenz von vorne abrufen, Detail für Detail, um so zu einem Gesamtbild zu gelangen.

Lupentypen eignen sich hervorragend für Aufgaben, bei denen höchstes Augenmerk auf die Einzelheiten gerichtet werden muss, die ein Überblicksorientierter womöglich gar nicht erkennen könnte. War da was?

Wie möchte der Lupentyp behandelt werden?

Er möchte Zeit haben, seine Details gewürdigt wissen und nicht ständig unterbrochen werden. Darauf reagiert er unwirsch, weil es seine Denkprozesse stört. Details sind wichtig, da er aus ihnen ja ein Gesamtbild formt. Er bemüht sich, einen Sachverhalt für andere Menschen so darzustellen, wie er ihn selbst erklärt bekommen möchte. Im Umgang mit diesem Menschentyp sollte man keine Ungeduld an den Tag legen. Der Lupentyp versteht nicht, was man von ihm möchte, wenn man ihn auffordert, zum Punkt zu kommen. Genau das macht er doch gerade! Er ist aktiv dabei, einen Überblick herzustellen. Sie brauchen übrigens nicht zu befürchten, dass die Beschreibungen nie enden werden. Nach einer gewissen Zeit hat der Lupentyp sein Gesamtbild gefunden. Diese Zeit sollten Sie ihm geben.

Woran erkennen Sie den Weitwinkeltyp?

Er will sich einen Überblick verschaffen, ehe er sich um Details kümmert, und reagiert unwirsch, wenn er mit Details bombardiert wird, die seine Denkprozesse stören. Zu viele Details verwirren ihn obendrein. Er findet keinen roten Faden, nur Fasern. Leider finden seine Gegenüber oft auch keinen roten Faden, da der Weitwinkler sich manchmal so vage ausdrückt, dass keiner versteht, worum es eigentlich geht, was er wiederum gar nicht begreift. Für ihn ist die Sache klar. Gern verwendet er Wörter wie »allgemein« oder »generell«, und er spricht vom Wesentlichen, wonach er auch gezielt fragt, der Zusammenhang ist ihm wichtig. Sein Augenmerk ist auf Eckpunkte gerichtet. Er kümmert sich erst um die tragenden Säulen, dann kommt der Rest. Bei Zeitungen genügen ihm häufig die Überschriften, um im Bild zu sein.

Wie möchte der Weitwinkeltyp behandelt werden?

Er möchte vorab einen Überblick. Und keine langatmigen Beschreibungen, sondern den klaren, knappen Sachverhalt. Deshalb ist dieser Abschnitt auch so kurz. Halten Sie den Weitwinkeltypen nicht ohne Not mit Details auf. Und helfen Sie ihm, Sie zu schätzen, indem Sie hin und wieder mit einer Gesamtschau locken.

Agenten-Eignungstest

Wie gut kennen Sie sich selbst?

Je besser Sie sich kennen, desto leichter fällt es Ihnen, andere zu durchschauen. Sind Sie der Lupen- oder der Weitwinkeltyp? Welches Muster dominiert? In welchen Situationen sind Ihnen Details wichtiger? Bei welchen Themen bevorzugen Sie den Überblick?

Auftrag für Weitwinkel-Agenten:

1. Finden Sie eine detailorientierte Person in Ihrem Umfeld. Spitzen Sie die Ohren und hören Sie gut zu, wie andere sprechen. Auch im Fernsehen finden Sie detailorientierte Personen heraus. Sobald jemand in einem Interview frei spricht, verrät er seine Denkweise.
2. Verhalten Sie sich gegenüber Personen, die Sie einordnen können, übungshalber so geschmeidig wie möglich. Lassen Sie ein Klima entstehen, in dem sich Ihr Gegenüber wohlfühlt. Reagieren Sie nicht gelangweilt oder genervt! Bleiben Sie wachsam! Manche Perle schlummert im Monolog. Und vergessen Sie Ihre eigenen Details nicht. Achten Sie vor allem darauf, dass Sie Ihrem Gegenüber vor lauter Überblick nicht unkonkret erscheinen. Sie wollen nichts vor ihm verbergen. Deshalb bringen Sie auch einige Details zur Sprache. Und dann leiten Sie die Unterhaltung in die Richtung, in die Sie wollen.

Auftrag für Lupen-Agenten:

1. Finden Sie eine überblicksorientierte Person in Ihrem Umfeld.
   Spitzen Sie die Ohren und hören Sie gut zu, wie er oder sie spricht. Auch im Fernsehen finden Sie überblicksorientierte Personen. Sobald jemand in einem Interview frei spricht, verrät er seine Denkweise.
2. Verhalten Sie sich gegenüber Personen, die Sie einordnen können, übungshalber so geschmeidig wie möglich. Lassen Sie ein Klima entstehen, in dem sich Ihr Gegenüber wohlfühlt. Halten Sie Ihre eigenen Details zurück und versuchen Sie, hin und wieder einige zu einer Strecke zusammenzufassen, um Ihrem Gegenüber zumindest einen kleinen Überblick zu gewähren. Locken Sie ihn zwischendurch mit dem Versprechen, das Ziel zu erreichen. Ihr Gegenüber braucht diese Gewissheit. Sonst verläuft er sich im Wald. So viele Bäume!

Spezial-Mission:

Agenten beherrschen beide Methoden. Sie wissen, wo sie selbst stehen und erkennen, wo ihr Gegenüber steht. Dort holen sie ihn ab, anstatt darauf zu warten, dass er auf sie zukommt. So stellen sie sicher, dass er in die Richtung läuft, die sie ausgesucht haben. Agenten spielen ihr Spiel. Und die anderen machen mit.

Behalten Sie nicht nur Ihre eigene Persönlichkeitsentwicklung im Blick, sondern auch die anderer Menschen: Indem Sie von anderen das Beste vermuten, helfen Sie ihnen dabei, ihre Potenziale zu entfalten.

Wenn Sie diese Mission erfüllt haben, erhalten Sie die nächste schwarze oder vielleicht sogar rote Mappe mit weiteren Auffälligkeiten und Spielarten menschlichen Verhaltens.

GUT VERSCHLEIERT IST HALB GEWONNEN

Hauptquartier, Freitag, 3. September, 08:45 Uhr

Bülent war kein Fremder für uns. Sabine hatte ihn und das Busunternehmen Sarai durch den Computer gejagt und festgestellt, dass wir schon einmal eine Meldung zu ihm hatten. Vor acht Monaten. »Und vor zwei Jahren gab es einen vagen Hinweis darauf, dass er illegal Menschen ins Land schleusen soll«, fügte sie hinzu.

»Und?«

»Nur Gerüchte. Nichts Konkretes. Jeweils nur eine unbestätigte Quellenmeldung.«

»Was ist dabei herausgekommen?«, fragte ich. Wenn auch nur der geringste Verdacht auf Menschenhandel bestand, wurde sehr gründlich recherchiert.

Sabine zuckte mit den Schultern. »Ich habe mit den Kollegen gesprochen. Alles war sauber – die sind über den Anfangsverdacht nicht hinausgekommen.«

»Was meinst du zu der Sache?«

»Das ist immerhin der dritte Hinweis in diese Richtung. Ich meine, dass wir uns das ruhig noch mal genauer anschauen sollten.«

»Das kann kein Zufall sein«, nickte ich.

Sabine pinnte ein Foto von Bülent an die Wand neben ihrem Schreibtisch. Das machte sie mit jeder ihrer Zielpersonen. Es bedeutete, der Typ war fällig. Wer erst einmal an Sabines Wand hing, hatte eigentlich schon verloren, vorausgesetzt, er hatte etwas zu verbergen. Sie behauptete, die Gepinnten würden sie inspirieren. Mich erinnerte das Ganze eher an eine persönliche Kampfansage oder an Klischee-Krimis im Fernsehen. Aber ich ließ sie natürlich machen. Jeder tickt anders und schätzt andere Rituale. Bei dem einen ist es der Kaffee, der ihm beim Denken hilft, bei Sabine eben das Foto an der Wand. Solche Gewohnheiten sollte man nicht stören, es bringt Menschen aus dem Takt, wenn sie die vertrauten Pfade verlassen. Und dann ticken sie womöglich nicht mehr so reibungslos, wie man es gerne hätte!

Sabine und ich waren ein eingespieltes Team, sie als Auswerterin, ich als Werber und V-Mann-Führer. Wir hatten zusammen so manche Erfolge gefeiert, aber auch Niederlagen weggesteckt. Zu unserer Einheit gehörten eine Reihe weiterer Auswerter und V-Mann-Führer. Unseren Chef nannten wir bei seiner Funktion: SGL, Sachgebietsleiter. Über ihm thronten der AL, Abteilungsleiter, darüber VP, der Vizepräsident und der Präsident, P.

»Meinst du, wir sollen den Fall gleich in der großen Runde besprechen?«, wollte Sabine von mir wissen und gab sich die Antwort selbst. »Nein. Den SGL informieren wir, wenn wir mehr haben, wenn wir wissen, ob was an der Sache dran ist.«

So fand ich es auch am besten. Sabine würde nun die üblichen Maßnahmen einleiten und alle V-Mann-Führer mit Beschaffungsaufträgen versehen. Jeder, der in diesem Bereich Quellen hatte, sollte sie zu Erkenntnissen über das Busunternehmen und dessen Inhaber Bülent abschöpfen. Das Wort Schleusungen würde in diesem Zusammenhang nicht fallen, um die Quellenmeldungen nicht zu beeinflussen und für alle Richtungen offen zu bleiben.

In diesem frühen Stadium war kein schneller Erfolg zu erwarten. Im ersten Schritt war mit Rückmeldungen ohne wirklich heiße

Spuren zu rechnen. Hätte es sichere Hinweise gegeben, die auf den ersten Blick auffallen, hätten wir sie schon längst bekommen. Aber wir konnten mit Meldungen rechnen, die unser Bild abrunden würden. Das war notwendig, um einen Überblick und ein Gefühl für die Sache zu erhalten. Zu Bülent, zu seinem Unternehmen und den Personen im Umfeld. Wie viele Busse es gab, wer die Fahrer waren, welche Routen mit welchen Stopps gefahren wurden, wo länger gehalten wurde und andere kleine Besonderheiten oder Auffälligkeiten.

Achtzig Prozent solcher Meldungen geben auf den ersten Blick nichts her. Aber eben nur auf den ersten. Was wir heute als Detail am Rande bewerten, kann sich morgen als Schlüssel zum Erfolg herausstellen. Im Milieu der Mafia und Menschenhändler wird ganz bewusst getarnt, getäuscht und gelogen. Gut verschleiert ist halb gewonnen, heißt es in diesen Kreisen. Und in Agentenkreisen heißt es: Du kannst kein Verbrechen begehen, ohne dabei Spuren zu hinterlassen. Deshalb: sammeln, sammeln, sammeln! Jede winzige Kleinigkeit. Alles.

Die erste Quellenmeldung: die Route der Kriminellen

Als drei Tage später eine Meldung der Quelle Desira auf Sabines Schreibtisch landete, sah es aus, als könnte dieser Fall sich in raschem Tempo entwickeln. Desira gehörte zu unseren erprobten und bewährten V-Leuten. Er wurde von Philipp, einem Urgestein der Beschaffung, geführt. Desira betrieb einen kleinen Schrottplatz und lieferte auf Bestellung jedes gewünschte Autoteil zu sensationellen Preisen … nach kurzer Wartezeit … neu oder gebraucht. Er schien eine magnetische Wirkung auf die Unterwelt und ihre Schattengewächse auszuüben. Auf seinem Schrottplatz traf sich alles, was in der Szene Rang und Namen hatte. So war er auch in unser Fadenkreuz geraten. Mittlerweile arbeitete er schon fast zwei Jahre für uns. Wir kriegen nicht jeden. Aber wen wir wirklich wollen, der sieht früher oder später ein, dass es angenehmer ist, mit uns zu arbeiten, als gegen uns zu sein.

»Was sagt er denn, der Desira?«, wollte ich von Sabine wissen. Mündlich war es mir lieber. Und grob zusammengefasst. Ich brauchte jetzt nicht jedes kleinste Detail, sondern einen schnellen Überblick. Zudem las ich täglich genug Ermittlungsakten und Lageberichte. Das gehörte genauso zu meinem Job wie die Arbeit undercover. Ein Einsatz ist immer nur so gut wie seine Vorbereitung. Mit ihr steht und fällt der Erfolg.

Sabine beugte sich über meinen Tisch, als sollte ich die Informationen aus ihrem Dekolleté buchstabieren. »Desira sagt, einer von Bülents Busfahrern hat angeboten, Haschisch aus der Türkei nach Deutschland zu bringen. Angeblich würde das über den Landweg laufen, versteckt im Bus, und wenn es an einer Grenze Probleme geben sollte, dann wäre immer irgendjemand an Bord, dem man das unterschieben könnte … was immer das auch heißen soll.«

Desiras Meldung konnte, musste aber nicht der Wahrheit entsprechen. Er hatte die Information von jemandem, der einen kannte, der das von jemandem gehört haben wollte. Unser Job war es jetzt, das zu überprüfen. Gerade im Milieu der Kriminellen wimmelt es von Aufschneidern, Angebern und Antestern. Die einfach mal ins Blaue schießen, abwarten, was zurückkommt, und dann sehen, ob sich daraus ein Geschäft ergibt oder nicht. Selbst ein im Großen und Ganzen zuverlässiger V-Mann konnte von solch einem Testballon getäuscht werden. Deshalb ist eine Meldung für uns immer nur so gut, wie sie ihrer Überprüfung standhält.

Sabine legte die schwarze Mappe mit den zusammengetragenen Informationen auf meinen Tisch. Neugierig schlug ich sie auf. Desira mutmaßte, dass Bülents Geld aus kriminellen Geschäften stammen müsse, da in seinem Laden unter touristischen Aspekten praktisch nie etwas los war und mit dem Busunternehmen seiner Meinung nach kaum so viel zu verdienen sei. Ich nickte. Das erschien mir schlüssig. Tag für Tag hockten dieselben sechs, sieben Männer in den Geschäftsräumen auf verblassten, ehemals roten und blauen Plastikstühlen und tranken Tee. Viele Bekannte schauten mal kurz rein, oft dieselben Gesichter. Ein- bis zweimal in der Woche kam ein Bus aus Istanbul, der hier ein bis drei Tage stand und dann zurückfuhr. Dennoch warf Bülent mit Geld nur so um sich, fuhr zwei dicke Autos, lud seine Freunde zu fürstlichen Essen ein, zockte in der Spielhölle nebenan. Diese Bewertung wurde von einer weiteren Quelle geteilt, die wir ebenfalls auf das Busunternehmen angesetzt hatten. Aber das alles waren eben nur Bewertungen, Hinweise, keine Beweise, nicht mal Ansätze von tatsächlichen Beweisen.

Philipp hatte über einen Kontakt in Istanbul weitere Informationen beschafft. In der türkischen Metropole unterhielt Sarai-Reisen im Viertel Taksim, in einer verwinkelten Seitengasse, ein kleines Büro. Es wurde als schmuddelig beschrieben. Der Schriftzug über der Tür zerbrochen, der Empfangsraum bestand auch hier nur aus einem Tisch mit vier Stühlen, der Fußboden war sandig und die Prospekte in einem staubigen Regal im Schaufenster vom Sonnenlicht vergilbt.

»Da kommt doch Urlaubsstimmung auf«, murmelte Sabine und legte die Fotos, die Philipp organisiert hatte, auf dem großen Besprechungstisch aus. Heute kommen wir dank Google Earth, Street View und Smartphones weltweit innerhalb von Minuten an Aufnahmen von jedem noch so entlegenen Zielobjekt. Und dank integrierter Sechs-Millionen-Pixel-Kameras ist jeder Schnappschuss mit dem Handy sehr viel besser und verwertbarer als vor fünf Jahren noch das beste analoge Foto. Auf der Frontalansicht des Gebäudes mit Blick zum Ende der Gasse konnten wir erkennen, dass die kleinen Läden daneben kaum besser aussahen. Schmuddelig, verfallen, marode. Es wäre ein verhängnisvoller Fehler gewesen, von der Optik dieser Dependancen auf den Umsatz zu schließen. Philipp ließ uns wissen, dass der heruntergekommene Silberschmied zwei Häuser weiter im Jahr knapp 5 Millionen türkische Lira einnahm.

»Und wie viel ist das?«, wollte Sabine wissen.

»Etwas über 2 Millionen Euro«, antwortete Philipp wie aus der Pistole geschossen. »Und das ist nur der Umsatz, den er bei den Finanzbehörden angibt.«

Sabine pinnte eines der Fotos von Sarai-Reisen Taksim an ihre Wand. »Es ist möglich«, dachte sie laut, »dass Istanbul–München nur eine Route von vielen ist. Teil eines Netzwerkes, das die Ursprungsländer mit mehreren Zielländern verbindet. Wir wissen nicht, ob jeder, der hierher geschleust wird, auch in Deutschland bleibt. Oder ob die Reise weitergeht in die Niederlande, nach Belgien, Holland, Frankreich oder Spanien … was meinst du, Leo?«

»Du wirst bald keine Pinnnadeln mehr haben.«

Organisierte Kriminalität: neuzeitlicher Sklavenhandel

Als Schleuser oder auch Schlepper werden Kriminelle bezeichnet, die Menschen kommerziell, unter Umgehung der gesetzlichen Einreisebeschränkungen, in andere Staaten bringen. Die Geschleppten sind häufig Menschen, die ihr Herkunftsland aus wirtschaftlichen oder politischen Gründen verlassen wollen. Neben Gelegenheitsschleppern sind in diesem Metier auch straff geführte Banden tätig, die der organisierten Kriminalität zugerechnet werden. Für die illegale Verbringung haben die geschleusten Personen größere Geldbeträge im Voraus zu entrichten. In vielen Fällen müssen sie sich dafür verschulden, was oft zu einer jahrelangen Abhängigkeit von der gewerblich handelnden Schleuserorganisation führt, die im Bestimmungsland die Arbeitskraft der Geschleusten ausbeutet. Die Schleusungskriminalität ist für Banden auch ein gängiger Einstieg in andere Deliktsbereiche. Auf der Seite der Schleuser steht »gewaltiger« Gewinn: schleusen heißt hohe Rendite bei keiner Vorabinvestition. Eine Handvoll Kontakte genügen. Die so erwirtschafteten Erlöse werden dann in andere Deliktsbereiche investiert: Waffenhandel, Drogenschmuggel. Dem Staat geht es in erster Linie um die Drahtzieher im Hintergrund, die Logistik, Anwerbung, Ausbeutung. Zuwanderung zu reglementieren ist trotz aller humanen Gründe notwendig, um die sozialen Systeme nicht zu überfordern. Gründe genug, um jeden noch so kleinen Verdacht zu verfolgen und jegliche Aktivitäten in diese Richtung im Keim zu ersticken.

Auf einem anderen Blatt steht das Schicksal der Geschleusten. Für sie ist es häufig der erste Schritt in die Kriminalität. Selbst wenn ein illegal eingereister Mensch bei Familie oder Freunden unterkommt, wird er hier nur schwer Arbeit finden, legale sowieso nicht. Kein Unternehmen kann ihn ohne Papiere einstellen. So fehlt das Geld, den Lebensunterhalt zu bestreiten. Und wenn es noch so wenig ist, was er braucht. Mit dem Rücken an der Wand macht er dann Dinge, die er freiwillig nie getan, die er sich früher womöglich gar nicht zugetraut hätte. Es ist kaum möglich, dem Teufelskreis zu entkommen – ohne gültigen Aufenthaltstitel und Sprachkenntnisse, ohne Freunde, Familie, Kontakte, völlig auf sich selbst gestellt in einem fremden Land, womöglich bedroht von den kriminellen Abzockern: Wenn du nicht tust, was wir dir sagen, kümmern wir uns um deine Familie. Dass mit Kümmern keine Fürsorge gemeint ist, versteht sich von selbst.

Nicht alle Menschen, die sich illegal in Deutschland aufhalten, sind freiwillig hierhergekommen. Junge Mädchen und Frauen werden oft mit falschen Versprechungen nach Europa gelockt oder sogar gekidnappt. Kaum an ihrer »Lieferadresse« angekommen, werden ihnen die Pässe abgenommen. Von der seriösen Arbeit in einem Restaurant, der Kinderbetreuung oder Altenpflege ist dann keine Rede mehr. Die Frauen werden zur Prostitution gezwungen. Immerhin haben sie eine Menge Schulden abzuarbeiten: ihren Schleuserlohn. Summen ab 5000 Euro sind keine Seltenheit. Dieser nicht zu knapp bemessene Betrag wird – wie auch in seriösen Unternehmen üblich – verzinst. Die organisierte Kriminalität schaltet und waltet in vielen Bereichen wie ein Wirtschaftsunternehmen. Effektiv und effizient.

In dieser Branche gibt es verschiedene Geschäftsmodelle. Was die meisten gemeinsam haben, ist, dass sie netzwerkartig zusammenarbeiten. Jeder macht das, was er am besten kann. Klienten anwerben, Wege organisieren, Grenzer bestechen, Gruppen über die »Grüne Grenze« bringen, Unterkünfte auskundschaften, Pässe fälschen oder gefälschte Pässe beschaffen. Ziel ist es, möglichst schnell möglichst leicht viel Geld zu machen. Humanitäre Gründe werden hier und da gelegentlich vorgeschoben, spielen aber eher eine untergeordnete Rolle. Jeder macht jedes Geschäft, das er machen kann, mit demjenigen, mit dem es sich gerade anbietet. Je besser ein Schleuser vernetzt, je besser er etabliert ist, desto runder läuft sein Geschäft.

Auch diese Märkte unterliegen dem ständigen Wandel: Das Geschäftsmodell, Menschen aus der Balkanregion in den Schengenraum – wie man den Zusammenschluss jener Länder bezeichnet, die übereingekommen sind, ihre Innengrenzen durch eine gemeinsame Außengrenze zu ersetzen –- zu bringen, hat sich verändert. Wer heute von Deutschland nach Österreich fährt, zeigt an der Grenze keinen Pass mehr vor. Die Zeiten, in denen das noch gang und gäbe war, haben wir alle längst vergessen. Was für unbescholtene Reisende gerade mal angenehm ist, bietet Kriminellen einen höchst willkommenen Vorteil.

Vielen Menschen aus ärmeren Regionen gilt Europa als das Paradies. Einige erwarten ein Reich, in dem Milch und Honig fließen. Andere einfach eines, in dem es genug zu essen für alle gibt, in dem Friede herrscht und in dem man sich ohne Angst niederlassen kann. Schleuser leben sehr gut von dieser Hoffnung. Und sie sorgen dafür, dass der Rubel rollt, auch, indem sie falsche Vorstellungen fleißig schüren.

Hinzu kommt, dass viele der illegal Eingereisten die Zuhausegebliebenen belügen. Zu groß wären Scham und Schande einzugestehen, auch im reichen Europa in bitterer Armut zu leben. Vor allem, wenn die ganze Verwandtschaft ihr Geld zusammengekratzt hat, um dem einen, dem Auserwählten unter ihnen, die teure Reise zu ermöglichen. Wenn er erst mal Fuß gefasst hat irgendwo in

Europa, wird er die Familie daheim unterstützen, die so stolz auf ihn ist, der ihre ganze Hoffnung trägt!

Der Katalog der Schleuser bietet die Wahl zwischen Standard und Luxus – rund 10 000 Euro kann eine sogenannte Garantieschleusung kosten: Der Versuch, den Zielort zu erreichen, wird so oft unternommen, bis es funktioniert hat. Aber ankommen heißt noch lange nicht Glück haben. Häufig fängt das Elend hier erst an: Rauschgifttransporte, Zigarettenschmuggel, organisiertes Betteln, Prostitution. Aus den Geschleusten werden so etwas wie Sklaven – und es gibt kein Gesetz, das ihnen helfen könnte, da sie ja gar nicht hier sind – legal.

Informationsbeschaffung: das Netz enger ziehen

In den nächsten Tagen tröpfelten weitere Informationen über Sarai & Co. ein. Viele ähnelten sich. Stück für Stück setzten Sabine und ich das Puzzle zusammen. Längst war die Fahrtroute der Busse bekannt: Türkei, Bulgarien, Serbien, Kroatien, Österreich, Deutschland.

»Habt ihr die Busse schon einmal kontrollieren lassen?«, wollte Philipp wissen, der wieder einmal zufällig bei uns vorbeischaute. Schon länger hegte ich den Verdacht, dass seine häufigen Besuche in letzter Zeit weniger dem Fall, dafür mehr Sabine galten. Dafür hatte ich vollstes Verständnis.

Sabine schüttelte den Kopf. »Bisher hatten wir noch zu wenige Fakten, um das durchzukriegen.«

»Nicht mehr lange«, prophezeite ich.

Auch wenn Kino und Fernsehen den Eindruck erwecken – es ist nicht richtig, dass in Deutschland jeder nach Lust und Laune alles und jeden einfach so kontrollieren kann. Nicht einmal der Geheimdienst. Es braucht einen stichhaltig begründeten Verdacht. Und der muss handfest belegt werden können. Eine einzige Ausnahme gibt es: Schengen sei Dank darf die Polizei beispielsweise auf Autobahnen, an Bahnhöfen und Flughäfen verdachts- und ereignisunabhängige Kontrollen durchführen, um die ehemaligen Grenzkontrollen zu kompensieren. Wollten wir also mehr wissen, mussten wir die Bundespolizei davon überzeugen, den Bus zu kontrollieren. Einen Bus aus dem fließenden Verkehr zu stoppen, von dem niemand auf die Stunde genau sagen kann, wann er wo eintrifft, mit fünfzig bis sechzig Passagieren, von denen einer, einige, alle oder keiner illegal eingereist sein konnten, bedeutet mehr Aufwand als ein Streifenwagen und eine halbe Stunde Zeit. Dementsprechend gut würden unsere Argumente sein müssen, um die Bundespolizei von einem Einsatz zu überzeugen … und natürlich die Erfolgsaussichten … ganz unabhängig von der rechtlichen Situation. Sabine und ich schafften in den nächsten Tagen die Voraussetzungen. Wir zogen das Netz enger. Dank Philipp war es uns gelungen, in Istanbul eine Quelle so zu platzieren, dass wir eine echte Chance hatten mitzubekommen, wann das nächste Mal geschleust wurde.

Schließlich präsentierten wir unsere Ergebnisse dem SGL, unserem Chef.

Wie immer hörte er sich zuerst einmal alles an, ohne ein einziges Wort zu sagen. Auch als wir fertig waren, schwieg er noch eine Weile. Er gehörte zu den wenigen Menschen im Haus, die sich die Zeit zum Nachdenken offen nahmen. Der SGL musste nicht schnell irgendetwas sagen. Wenn er sich äußerte, dann durchdacht. Schließlich nickte er. »Okay. Gute Arbeit!«

Sabine und ich wechselten einen Blick. Wir mochten den SGL, auch weil er uns Chancen einräumte und immer den Rücken stärkte. In der Vergangenheit hatte er dies schon einige Male bewiesen, wie im Fall Hornisse, als der AL unsere Hypothese »Hirngespinst« genannt hatte. Der SGL hatte uns weiter ermitteln lassen, obwohl auch er die Chancen nur bei zwanzig Prozent sah, wie er Wochen später zugab. Den Erfolg nach dem Zugriff – immerhin zweiundzwanzig Kilo Heroin – hatte der AL in Form eines Händedrucks zuerst vom VP, dann auch noch vom P eingeheimst, was den SGL zu einem Lächeln veranlasst hatte: »Schön. Dann kommt das Ministerium nicht auf die Idee, uns Mittel zu streichen.« Dem SGL war es egal, dass P die gute Nachricht ins Ministerium tragen würde, im Gegensatz zum AL. Den ärgerte das. Denn obwohl er die Mission zu Beginn als blanke Zeitverschwendung bezeichnet hatte, fühlte er sich für ihren Erfolg nun voll umfänglich verantwortlich. War nicht sogar er es gewesen, der uns auf die Spur gebracht hatte? Nicht umsonst war er Abteilungsleiter – der AL war ein echter Macher.

AUS DEM AGENTENHANDBUCH

Macher, Kontakter, Analysten

Macher

Ein Macher, oft eine Macherin, betritt den Raum. Das bleibt nicht unbemerkt. Wenn er da ist, ist er da. Ist da sonst noch jemand? Nicht so wichtig. Hauptsache, er wird wahrgenommen. Manche Menschen haben Angst vor ihm, weil er ihnen zu dominant erscheint. Er scheut sich nicht zu sagen, was er denkt. Gespräche eröffnet und beendet er, ohne zu zögern, und wenn ihm der Verlauf nicht passt, ändert er ihn. Er handelt und entscheidet schnell und hat keine Probleme damit, im Mittelpunkt zu stehen. Wettbewerb schätzt er. Wenn er eine Wohnung kaufen möchte, spornt es ihn an, falls sich mehrere Mitbewerber dafür interessieren. Jetzt will er sie erst recht. Er weiß, dass nicht jeder seiner Meinung ist, aber für ihn ist es kein Problem, andere Meinungen seinen unterzuordnen. Als Pragmatiker ist es ihm bewusst, dass er in Abhängigkeiten agiert und mit Kompromissen leben muss. Dennoch legt er hohen Wert auf Freiheit und scheut kein Risiko. Er versucht stets, den bestmöglichen Kompromiss zu erzielen. Nach seinen Regeln. Da er andere leicht begeistern kann, ist er häufig in einer Führungsposition zu finden. Vielleicht als der Anführer der Jungsbande, vielleicht als Klassensprecherin, vielleicht als Vorsitzender eines Vereins, vielleicht als AL oder CEO. Wenn es ihm gelingt wahrzunehmen, dass er nicht allein auf der Welt ist, kann er andere wirklich weiterbringen, die sich mit ihm an der Seite mehr zutrauen. Der Macher interessiert sich für den Augenblick. Was in zehn Jahren sein mag, berücksichtigt er in seinen Überlegungen kaum. Er lebt in der Gegenwart, in der er impulsiv handelt. Der Macher hat sein Ziel klar vor Augen und weiß genau, wie er es erreichen kann. Auf dem kürzesten Weg. Wenn man ihm das vorwirft, reagiert er schon mal aggressiv. Seine Ungeduld verleitet ihn gelegentlich dazu, Unentschlossenheit oder planvolles Vorgehen für Schwäche zu halten. Legt er mehr als ein gesundes Selbstbewusstsein an den Tag, kann es geschehen, dass er sich selbst überschätzt. Dann prüft er Sachverhalte nicht gründlich, und wenn Fehler passieren, sind oftmals die anderen schuld. Damit brüskiert er, aber das ist ihm meistens egal – solange niemand seinen Führungsanspruch anzweifelt.

Kontakter

Der Kontakter, oft eine Kontakterin, betritt den Raum. Man freut sich, dass er da ist, denn er ist in seiner geselligen Art sehr beliebt. Man fühlt sich einfach wohl mit ihm. Und er fühlt sich wohl bei anderen. Wer ist denn überhaupt da? Der Kontakter interessiert sich für Menschen. Titel sind ihm nicht so wichtig, er knüpft auf der persönlichen Ebene an und hat ein gutes Gedächtnis: Wie ist das denn ausgegangen neulich mit Petra und dem Typen vom Kundendienst?

Der Kontakter bezieht sich gern auf die Vergangenheit. Er ruft sie in die Gegenwart, um die guten Erfahrungen, die man miteinander gemacht hat, zu aktivieren. Weißt du noch ... Oft ist er recht charmant. Durch sein feinfühliges Wesen spürt er sehr schnell Stimmungen auf und befriedet auch gerne. Freundschaft stellt einen hohen Wert für ihn dar. Und die braucht Zeit. Der Kontakter lässt sich nicht gern hetzen. Lieber schön gemütlich und bitte keine abrupten Veränderungen. Kontakter brauchen Sicherheit und klare Strukturen. Hauptsache, es sind tiefe Kontakte. Einem Kontakter ist es zuzutrauen, eine Wohnung zu kaufen, weil die Nachbarn und der Makler so nett waren. Er setzt auf sein Bauchgefühl. Dieser höfliche Makler kann ihn doch nicht über den Tisch ziehen!

Der Wohlfühlfaktor ist dem Kontakter außerordentlich wichtig, und wenn er etwas erzählt, dann schweift er gerne ab. *Wieso seid ihr denn alle so gestresst? Nehmt euch doch mal Zeit für die wichtigen Dinge des Lebens!* Für den Kontakter liegen diese im zwischenmenschlichen Bereich. Und das genießt seine Umgebung, die ihn als warmherzig und mitfühlend charakterisiert. Er ist kein Ellenbogentyp; ihm macht es nichts aus, eigene Interessen auch mal zurückzustellen. Doch wenn er sich ausgenutzt fühlt, zieht er sich enttäuscht zurück, kampflos – und leckt seine Wunden.

Macher werden häufig ungeduldig im Beisein von Kontaktern, weil sie den Eindruck haben, die würden nicht auf den Punkt, nicht zur Sache kommen.

Kontakter fühlen sich häufig unwohl in der Gegenwart von Machern, weil sie den Eindruck haben, diese zischten zielorientiert und zuweilen mit Ellenbogenmentalität durchs Leben und hätten keinen Sinn für das Zwischenmenschliche.

Analysten

Der Analyst, oft eine Analystin, betritt den Raum. Mit einem Blick erfasst er, wer aus welchem Ressort noch da ist. Er ist ein typischer ZDFler: zahlen-, daten-, faktenorientiert. Spontaneität ist nicht sein Metier. Er überlegt, bevor er handelt. Was er macht, hat Hand und Fuß. Er ist immer gut organisiert. Logisches Denken liegt ihm. Korrektheit und Genauigkeit sind für ihn selbstverständlich. Er fühlt sich wohl in strukturierten Bereichen. Chaos ist ihm zuwider. Er will genaue Ergebnisse, und diese möchte er sprachlich präzise präsentiert bekommen. Manche Menschen fühlen sich unwohl in seiner Gegenwart, weil er ihnen zu kühl erscheint. Aber sie schätzen seine Zuverlässigkeit, Vorsorge, Qualität und Perfektion. Die erwirbt er sich, indem er den Dingen auf den Grund geht. Er liest Besprechungsprotokolle gründlich, wühlt sich geduldig durch alle Akten, kennt die relevanten Fachartikel. Der Analyst weiß stets Bescheid – wenigstens in sachlichen Dingen. Wenn er eine Wohnung kaufen will, lässt er sich vom Makler Unterlagen aushändigen, von deren Existenz andere nicht einmal wissen. Grundwasserspiegel? Bebauungsprognose der nächsten zwanzig Jahre? Emotional fühlt er sich schnell auf dem Glatteis. Das liegt ihm nicht so sehr, weil ihm hier die Bezugsgrößen fehlen: Daten, Fakten. Der Analyst lässt sich nicht zu Polemiken hinreißen, was häufig als sehr wohltuend empfunden wird – solange man ihm keine fehlende Leidenschaft vorwirft. Das ist wahrlich keine Stärke des Analysten. Er argumentiert sachlich und tritt meistens zurückhaltend und ernsthaft auf. Manchen erscheint er zu still. Er braucht eine Anlaufphase zum Warmwerden. Sobald er aber jemanden ins Herz geschlossen hat, ist er ein treuer, zuverlässiger Freund, selbst wenn er auf den ersten Blick wenig an seinem Gegenüber interessiert scheint. Er braucht Zeit, und seine Distanziertheit ist nicht jedermanns Sache. Auch seine zögerliche Umsetzung mancher Entscheidungen stößt nicht überall auf Verständnis. Das liegt daran, dass der Analyst bedenkt, welche Konsequenzen seine Handlungen von heute, morgen und übermorgen haben könnten. Und das überlegt er sehr genau. Und noch ein bisschen genauer. Bloß nichts übersehen! Der Analyst handelt stets planvoll. Zudem ist er ein Meister des Zeitmanagements. Wenn man ihn deshalb verspottet oder ihm das vorwirft, reagiert er zuweilen rechthaberisch und belehrend.

Macher werden häufig ungeduldig im Zusammensein mit Analysten. Sie wollen handeln, nicht Bedenken wälzen. Sie wollen loslegen, nicht planen.

Analysten beurteilen Macher als vorschnell. Wie können die einfach losstürmen, wo doch noch gar nicht klar ist, wie das im Detail aussehen soll?

Kontakter finden Analysten häufig unterkühlt. Und Analysten sind befremdet von der Nähe, die Kontakter zu ihnen suchen.

Achtung: Jeder Mensch vereint in sich Eigenschaften aller drei Typen, jedoch in unterschiedlicher Ausprägung. Die Kunst liegt darin, zu erkennen, dass dieser Typ in diesem Kontext, in dieser Angelegenheit jetzt gerade die genannten Eigenschaften zeigt, beispielsweise den Macher herauskehrt. Bei derselben Angelegenheit in einem anderen Kontext kann derselbe Typ Kontaktereigenschaften verkörpern. Die Frage ist stets, welche Eigenschaften aktuell dominieren. Nur darauf reagiert der geschulte Agent.

Wie Sie Macher, Kontakter, Analysten für sich gewinnen – und in die Flucht schlagen

Macher

Den Macher überzeugen Sie, wenn Sie selbstsicher auftreten, ihn vielleicht sogar herausfordern. Langweilen Sie ihn nie. Sollten Sie mit einem Macher liebäugeln, erwarten Sie keinesfalls, dass er allabendlich mit Ihnen zu Hause vor dem Fernseher kuschelt. Gehen Sie lieber mal Fallschirmspringen. Macher lieben spektakuläre Aktionen. Es ist eine Qual für sie, irgendwo in der Menge unterzugehen. Macher wollen herausragen, deshalb bevorzugen sie Tätigkeiten, mit denen sie auffallen. Zeigen Sie einem Macher, wie er schneller, besser, weiter und höher kommt. Ein Macher will nach vorne. Deshalb liebt er alles, was ihn dahin bringt, wo er seiner Meinung nach hingehört: in die erste Reihe, auf das Treppchen. Und: in die Mitte des Herzens seiner Partnerin oder seines Partners!

Den Macher verjagen Sie, wenn Sie sich ihm unentschlossen und zögerlich nähern, ihn langwierig in Ihre Entscheidungsprozesse einbeziehen wollen, Ihre Zweifel in den Vordergrund stellen, ihn mit Details bombardieren, ständig von ihm hören wollen, wie gut er Sie findet. Das beste Mittel, ihn in die Flucht zu schlagen, ist es, ihn ausschließlich und weitschweifig auf der Beziehungsebene anzusprechen.

Kontakter

Den Kontakter gewinnen Sie, wenn Sie ihm offen begegnen und Zeit für ihn als Mensch haben. Er möchte sich wahrgenommen fühlen. Und er möchte auf der Beziehungsebene angesprochen werden. Der Kontakter will sich wohlfühlen. Stellen Sie eine gute Atmosphäre her. Fragen Sie nach seinem Befinden. Nehmen Sie Anteil an seinen Schilderungen. Investieren Sie genügend Zeit, damit der Kontakter Vertrauen aufbauen kann. Das ist für ihn eine Grundvoraussetzung. Gern spricht er über familiäre Themen. Aber auch freundlicher Small Talk öffnet sein Herz. Ganz wichtig ist: Einem Kontakter dürfen Sie so etwas nicht vorspielen. Mit seinen sensiblen Sinnen würde er Sie entlarven. Geben

Sie ihm nicht das Gefühl zuzuhören, hören Sie ihm zu! Im Umgang mit dem Kontakter bringt vorgespielte Freundlichkeit gar nichts. Was einem Analysten womöglich nicht einmal auffallen würde, stellt für den Kontakter einen Trennungsgrund dar. Wollen Sie ihn endgültig loswerden, hetzen Sie ihn, schneiden Sie ihm das Wort ab, wenn er etwas Persönliches erzählen möchte, zeigen Sie, dass Sie sich dafür nicht interessieren, sprechen Sie selbst ausschließlich sachorientiert und fahren Sie Ihre Ellenbogen aus.

Analysten

Geben Sie ihm Zahlen, Daten und Fakten. Die müssen allerdings stimmen. Sparen Sie nicht mit Details, Kennzahlen, Prüfwerten, Gütesiegeln, logischen Argumenten und drücken Sie sich klar und deutlich aus. So fühlt der Analyst sich auf sicherem Terrain. Denn Ihre Informationen versorgen ihn mit allem, was er braucht, um eine Sachlage zu beurteilen. Und darauf kommt es doch an, oder? Zumindest ihm. Deshalb ist es auch sehr einfach, ihn in die Flucht zu schlagen: Überschütten Sie ihn mit persönlichen Befindlichkeiten. Rücken Sie ihm auf die Pelle. Sprechen Sie ihn ausschließlich auf der Beziehungsebene an. Fragen Sie ständig, wie er sich wann gefühlt hat. Erzählen Sie ihm, wie Sie sich selbst fühlen, gefühlt haben, eventuell morgen fühlen werden. Vergessen Sie nicht zu mutmaßen, wie Sie glauben, dass andere sich fühlen. Sprechen Sie den Analysten auf der Beziehungsebene an und Ihre Beziehung wird beendet sein, ehe sie begonnen hat.

Bestimmt haben Sie bereits einige Vertreter der drei Gruppen in Ihrem Bekanntenkreis entlarvt. So könnte deren Alltag aussehen:

Alexander Macher, Abteilungsleiter, der scharf auf etwas Neues ist, allerdings weiß, dass seine Chefin, Anna Analyst, Neuem gegenüber skeptisch ist, verkauft ihr die Neuheit als »durchdachte Weiterentwicklung«.

»Prima«, nickt Anna Analyst, die eine Neuheit garantiert abgelehnt hätte.

In dieser Firma ist nicht nur der Abteilungsleiter ausgeschlafen. Auch die Chefin weiß ihre Ziele auf dem angenehmsten und erfolgreichsten Weg zu erreichen. Als sie eine Strategie, über der sie mehrere Monate brütete, im Team umgesetzt wissen möchte, verkauft sie diese dem Abteilungsleiter Alexander Macher, der sie den Mitarbeitern kommunizieren soll. Sie lockt ihn mit der Aussicht: »Das wird uns Vorsprünge vor allen anderen Bewerbern verschaffen.«

»Prima!« Der Abteilungsleiter reißt der Chefin das Papier fast aus der Hand. Und abends zu Hause verspricht er seinem klugen Sohn, ihn am Wochenende zu einem Wettkampf zu fahren. Der Filius lockt ihn mit der Aussicht auf einen Platz unter den ersten dreien. Der Ehefrau des Abteilungsleiters ist anderes wichtig. Sie fährt mit, denn: »Wäre es nicht schön für dich, mal wieder mit den Mädels aus dem Verein zusammen zu sein? Die schätzen dich so sehr. Die freuen sich total, wenn du mitkommst.«

Der Familienausflug ist gebongt. Er hätte auch ins Wasser fallen können, wenn die einzelnen Mitglieder jeweils von ihren Vorlieben ausgegangen wären. Die Kontakter-Ehefrau hätte sich kaum damit locken lassen, das Begleitprogramm für die Mütter zu organisieren und der Macher-Abteilungsleiter hätte sicher eine Ausrede gefunden, wenn er mit den netten Leuten im Verein ein Wochenende verbringen sollte.

Wie gut kennen Sie Ihr enges Umfeld? Sprechen Sie Ihre Leute auf die richtige Art und Weise an? Was können Sie verbessern?

Agenten wissen, dass sie den Vorteil, andere zu durchschauen, gar nicht hoch genug ansiedeln können. Schätzungsweise achtzig Prozent zwischenmenschlicher Konflikte könnten vermieden werden, wenn wir uns besser verstehen würden. Verstehen, nicht bewerten!

Behandle jeden anderen, wie du behandelt werden möchtest?

Nein! Für Agenten gilt: Behandeln Sie den anderen so, wie er behandelt werden möchte.

Jeder Mensch hat ein Recht auf seine eigene Perspektive. Er hat allerdings kein Recht, von allen anderen zu verlangen, seine Perspektive einzunehmen. Hier beginnen die Probleme. Es ist eine zutiefst menschliche Eigenschaft, unsere Gegenüber als Spiegel zu benutzen und daher zu glauben, was für uns selbst richtig sei, sei auch für andere richtig. Ist es unter Umständen auch ... aber eben nicht immer. Und mal ehrlich: Wäre das Leben nicht öde und langweilig, wenn alle im Gleichtakt tickten? Zum Glück ist es anders: Wenn zwei Menschen das Gleiche tun, ist es noch lang nicht dasselbe! Sofort wird es schwierig ... und spannend zugleich!

Entscheidend ist, dass Sie herausfinden, womit Sie sich wohlfühlen. Wer authentisch lebt, rollt dem Erfolg den roten Teppich aus – und Erfolg kann dabei äußerst unterschiedlich aussehen. Für einen Macher ist Erfolg vielleicht eine lang angestrebte Führungsposition mit allen Insignien der Macht, ein Kontakter misst seinen Erfolg an den vielen Geburtstagsglückwünschen und der Analyst fühlt sich auf dem richtigen Weg, wenn er mal wieder recht hatte mit seinen Bedenken. Es kommt nicht darauf an, so zu sein, wie man glaubt, dass man sein soll, oder so zu sein, wie alle, sondern so zu sein, wie es für einen selbst am besten passt ... und dann aber nicht zu verlangen, dass alle anderen dieses Verhalten ebenso toll finden. Toleranz heißt das erste Schlüsselwort, Akzeptanz das zweite. Agenten bewerten nicht. Agenten nehmen wahr und setzen das, was sie erkennen, klug ein. Dabei sind sie sich ihrer eigenen Stärken bewusst und kennen auch ihre Defizite, an denen sie ständig arbeiten. Hierbei gibt es keinen besseren Ratgeber als die anderen. Leider erkennen nur wenige Menschen, wie viel Potenzial in der Andersartigkeit und Verschiedenheit liegt.

Womit Sie rechnen sollten

Als Macher müssen Sie wissen, dass Sie von anderen auch als aggressiv und rücksichtslos wahrgenommen werden können. Womöglich wirken Sie vorschnell, aufdringlich und laut. Es schadet nicht, andere hin und wieder ausreden zu lassen! Drosseln Sie Ihr Tempo und Ihre Schubkraft und erhöhen Sie somit Ihren Erfolg bei Kontaktern und Analysten!

Als Analyst müssen Sie wissen, dass andere Sie als kühl und distanziert wahrnehmen können. Womöglich wirken Sie zuweilen sogar gefühllos. Es schadet nicht, den Blick hin und wieder von Dingen zu lösen und auf Ihre Mitmenschen zu richten. Ja, die sind auch noch da. Wie geht es denen? Was brauchen die, um sich wohlzufühlen? Wie wäre es hin und wieder mit einer persönlichen Frage? Es kann gut sein, dass eine solche Sie schneller weiterbringt als eine fundierte, sachbezogene Recherche.

Als Kontakter müssen Sie wissen, dass andere Sie manchmal als umständlich und zu emotional wahrnehmen können. Womöglich wirken Sie inkompetent, wenn Sie nicht auf den Punkt kommen und stets das Persönliche über das Sachliche stellen. Wie wäre es, hin und wieder einen Zahn zuzulegen und auch mal über sachliche Themen zu sprechen? Schließlich wünschen Sie sich guten Kontakt zu anderen Menschen, und den kriegen Sie, wenn Sie sie so ansprechen, dass diese sich wohlfühlen.

Ziel der Agenten ist es nicht, hundertprozentige Macher, Analysten oder Kontakter zu sein. Wichtig ist das Bewusstsein für alle Eigenschaften. Erst wenn alle drei geläufig sind, kann der Agent je nach Erfordernissen geschmeidig switchen. Das ist das Ziel. Sicher wird er seine persönliche Präferenz haben. Indem er sich dieser bewusst ist, begeht er nicht den Fehler, ihr unbewusst nachzugeben. Er hat jede Situation zu jedem Zeitpunkt unter Kontrolle. Dies erfordert hohe Eigenkenntnis sowie Kenntnis des Gegenübers. Von dessen Verhalten macht der Agent seine Vorgehensweise abhängig.

Im Team fördern Agenten ihre Kollegen. Nicht jeder Chef ist ein Macher. Der Macher-Chef hat sich wahrscheinlich mit pragmatischen Entscheidungen und Ellenbogen in seine Position geboxt. Die Analysten-Chefin hat ihre Karriere von langer Hand geplant und ist die Erfolgsleiter Schritt für Schritt nach oben gestiegen. Der Kontakter-Chef ist sehr beliebt, deshalb ist er auf der Leiter womöglich nach oben geschoben worden.

Gerade Teams sollten vorzugsweise bunt aus Machern, Analysten und Kontaktern gemischt sein. Doch nicht selten stellen Chefs eher Leute ein, die wie sie selbst ticken, anstatt Mitarbeiter, die sie ergänzen. Der verlockende Gedanke: Wenn alle auf einer Wellenlänge funken, gibt es weniger Missverständnisse und Reibereien. Doch ein Betrieb mit ausschließlich Machern oder Kontaktern oder Analysten bräuchte keine Aufträge mehr, jeder könnte sich allein mit den daraus entstehenden Schwierigkeiten vierzig Stunden die Woche wunderbar beschäftigen.

Etwas übertrieben dargestellt könnte das folgendermaßen aussehen: Ein Team aus Kontaktern versteht sich blendend, Gemeinschaft, Gemütlichkeit und Geselligkeit werden großgeschrieben, am Wochenende plant man gemeinsame Ausflüge, und montags erzählt man sich, was es Neues in der Familie und überhaupt gibt. Kaffeeküche und Sozialraum sind die Hotspots der Firma. Die Stimmung ist großartig. Leider fehlt es den eher vergangenheitsorientierten Kontaktern am klaren Blick in die Zukunft. Innovation und Entwicklung können so schnell auf der Strecke bleiben.

Ein Team aus Analysten braucht weder Kaffeeküche, Sozialraum noch Gemeinschaftsveranstaltungen. Genau genommen bräuchte es nicht einmal Meetings oder Besprechungen, die allen ja sowieso immer zu lange dauern, und wieso soll man reden, man kann sich doch E-Mails schreiben. Die eher zukunftsorientierten Analysten fühlen sich bei Herausforderungen im Hier und Jetzt ohnehin nicht wirklich angesprochen. Auf Dauer könnte das dazu führen, dass alle irgendwie vor sich hinarbeiten und im Unternehmen nichts vorangeht.

Macher lieben Meetings, aber zu viele Macher in einem Besprechungszimmer provozieren einen Überhitzungsschaden. Wenn jeder ständig klären möchte, wer jetzt das Sagen hat, ist das auch wenig förderlich für ein Unternehmen, da die Dinge, um die es eigentlich gehen sollte, dabei schnell auf der Strecke bleiben können. Selbst wenn Ideen am Fließband produziert werden, gehen sie im Gerangel darum, wer jetzt oben ist, unter. Zudem werden im Eifer des Gefechts bei wichtigen Beschlüssen entscheidende Details vergessen, was einem Analysten nicht passiert wäre. Und das kann teuer werden.

Genauso teuer wird es für ein Unternehmen, wenn seine Mitarbeiter, besonders im Verkauf, den Kunden immer nur das empfehlen, was sie selbst gut finden. Ein erfolgreicher Verkäufer geht nicht von sich aus, sondern von seinem Kunden, dessen Entscheidungsprozesse für ihn günstigstenfalls wie ein offenes Buch vor ihm liegen. Ein Macher muss nicht lange überlegen. Er entscheidet impulsiv und braucht dazu keine Hilfe, er weiß, was er will, und das fühlt sich für ihn gut an. Der clevere Verkäufer zeigt dem Macher, wie er mit dem Produkt höher, schneller, besser, weiter kommt als alle anderen. Und sonst nichts.

Der Analyst weiß auch, was er will, jedoch hat er hierfür zeitintensiv recherchiert und alle Argumente gründlich abgewogen. Hier muss der Verkäufer erst mal mithalten können. Kann er es nicht, zieht der clevere Verkäufer sofort einen Experten zurate oder kündigt an, sich über jedes Detail beim Hersteller zu informieren. Höher, schneller, besser, weiter – der Versuch, auf der Beziehungsebene zu punkten, interessiert den Analysten wenig und würde ihn eher vertreiben, denn bestärken.

Der Kontakter hingegen unterhält sich gern über bevorstehende (Kauf-)Entscheidungen. Für ihn spielen Servicequalität und bestätigende Worte eine große Rolle.

Ein guter Verkäufer ist wie ein guter Agent. Er erkennt, wer ihm gegenübersteht, lässt, was stört, unter den Tisch fallen, und rückt die jeweiligen Bedürfnisse ins rechte Licht.

Zeigen Sie Mut zu heterogenen Teams: Was der eine nicht so gut kann, nicht so gern macht, übernimmt ein anderer, der genau das gut kann und gern macht. Voraussetzung für eine konstruktive Zusammenarbeit ist hier natürlich, dass alle Teammitglieder Verständnis füreinander haben und entsprechend miteinander kommunizieren. Ein Vorgesetzter, der eine solche Vielfalt zu schätzen weiß, kann den richtigen Ton im Umgang initiieren.

Wer die richtigen Mitarbeiter an die richtigen Stellen setzt, öffnet dem Erfolg die Tür. Die Mitarbeiter fühlen sich wohl und geben gern ihr Bestes. Und sind auch offener für andere. Denn sie sind zufrieden, verstanden und angenommen – es gibt keine optimalere Voraussetzung, um zu lernen, als in entspannter Stimmung. Und übrigens ... das gilt nicht nur für Mitarbeiter. Das Gleiche gilt selbstverständlich auch für Familienmitglieder und Freunde. Der Kontakter, der als Familienoberhaupt Entscheidungen treffen soll, ist schlecht besetzt, selbst wenn er der Papa ist. Zum Glück wird er unterstützt von seiner Tochter in der Pubertät. Diese Macherin weiß, wo es langgeht. Man sollte ihr nicht im Weg stehen. Das hätte ohnehin keinen Sinn. Macherinnen finden Herausforderungen sexy!

Ein Ehepaar sitzt im Restaurant eines Hotels. Es ist schon die zweite Urlaubswoche. Heute ist es beengt. Eine Reisegruppe ist angekommen. Der Kellner entschuldigt sich und fragt, ob sich noch jemand an den Tisch des Paares setzen dürfe.

Die Ehefrau zögert.

»Ja«, sagt der Mann spontan.

Nein, denkt die Ehefrau.

Der Kellner führt eine fremde Frau an den Tisch. Der Mann begrüßt sie freundlich, seine Ehefrau verhalten. Schnell ist er mit dem Neuzugang in ein Gespräch verwickelt. Die Ehefrau schweigt.

Ist sie schlecht gelaunt? Eifersüchtig? Nein, sie ist eine Analystin.

Da das Paar schon lange verheiratet ist, weiß ihr Mann das. Würden sie sich erst seit Kurzem kennen, gäbe es nun eine Reihe von Missverständnissen, die den bis dahin schönen Urlaub womöglich empfindlich stören würden. Hinter vielschichtigen Interpretationsversuchen, warum sich jemand wie verhält, verbirgt sich oftmals die schlichte Tatsache: Er ist Kontakter, sie ist Analystin, sie ist Macherin. Es ist nicht böse gemeint. Und erst recht nicht persönlich.

Agenten und Agentinnen beherzigen stets: Jeder Mensch wünscht sich, so akzeptiert zu werden, wie er ist. Wer das nicht tut, verhindert eine entspannte Stimmung, Vertrauen und letztlich den Erfolg, welcher Mission auch immer.

Ein Macher hat ein neues technisches Spielzeug erworben. Nachdem er die Verpackung ähnlich einem Tiger zerfetzt hat, hält er sich mit der Gebrauchsanleitung nicht lange auf. Ein Macher hat keine Zeit zu verlieren. Er drückt alle Knöpfe, wird schnell ungeduldig, gerät womöglich in Wut, wenn es nicht so funktioniert, wie er möchte. Hat er Glück, kommt zufällig ein Analyst des Weges, der sich die Bedienungsanleitung schnappt und dann Schritt für Schritt das Gerät zum Laufen bringt. Nicht jedoch unbedingt die Laune des Machers. Dem hat das alles zu lang gedauert. Außerdem hat er es nicht gern, wenn sein Führungsanspruch ins Wanken gebracht wird. Gut, dass zufällig ein Kontakter vorbeikommt, der gleich merkt, dass die Luft hier zum Schneiden ist. Mit ein paar netten Bemerkungen verbreitet er gute Stimmung. Es dauert nicht lang, bis alle drei herzhaft lachen über die Tücken der Technik. Sie beschließen, essen zu gehen. Der Macher lädt die beiden großzügig ein. Um in das Restaurant zu gelangen, das er ausgewählt hat, müssen sie mit einem Fahrstuhl in die vierte Etage fahren. Da sie nicht in der

Parkgarage einsteigen, ist der Fahrstuhl bereits voll, als er von unten kommend im Erdgeschoss hält. Der Macher merkt erst, dass er sich als Einziger hineingedrängelt hat, als der Fahrstuhl angefahren ist. Der Kontakter ist in ein Gespräch mit weiteren Wartenden vertieft und bekommt nicht mit, dass der Macher schon abgehoben hat. Es würde ihm auch nichts ausmachen. Er lässt anderen gern den Vortritt. Und das ist ja wirklich interessant, diese Geschichte, die der Mann da erzählt, von der in der Fahrstuhltür eingequetschten Hand. Zum Glück ist nichts Schlimmes passiert, wie der Kontakter auf Nachfrage erfährt. Der Analyst nimmt derweil die Treppen. Es interessiert ihn, ob er damit schneller ist, als wenn er abwartet, bis der Lift wieder unten ist. … Käme darauf an, wie oft der Lift anhält … Das müsste man mal berechnen. Oben im Restaurant benötigt der Macher nur einen kurzen Blick in die Speisekarte, um zu wissen, was er möchte. Doch er wird sich noch eine Weile gedulden müssen.

Agenten-Eignungstest

Verinnerlichen Sie die nachfolgenden Stichpunkte, die das Vorstehende grob zusammenfassen. Und verinnerlichen Sie zudem: Kein Typ ist besser als ein anderer!

Macher: willensstark, direkt, machtbewusst, zielgerichtet, fordernd, entschlossen, dynamisch, liebt Herausforderungen und den Wettbewerb, handelt impulsiv, Improvisationstalent, probiert gern etwas aus, erkennt rasch Zusammenhänge, denkt konkret und praktisch.

Kontakter: freundlich, verständnisvoll, geduldig, hilfsbereit, stetig, vertrauensvoll, gewohnheitsorientiert, vermeidet radikale Veränderungen, setzt auf Vertrautes, verlässt sich auf seine Intuition, Gespür für Menschen, strebt nach menschlicher Nähe, allgemein beliebt.

Analyst: methodisch, anspruchsvoll, gewissenhaft, zurückhaltend, besonnen, systematisch, handelt planvoll und mit präziser Zeiteinteilung, drückt sich klar und sachlich aus, fühlt sich wohl mit einem gewissen Sicherheitsabstand, kann verschlossen wirken, braucht Zeit zum Warmwerden.

Beobachten Sie Ihre Umgebung und stellen Sie fest, wer wohin tendiert. Und dann spielen Sie mit. Je deutlicher eine Dominanz ausgeprägt ist, desto einfacher ist sie zu erkennen, desto wichtiger ist es sie zu berücksichtigen.

Den Macher kriegen Sie so:

- Treten Sie selbstbewusst auf.

- Klotzen, nicht kleckern.
- Kommen Sie rasch zum Punkt.
- Zeigen Sie ihm Perspektiven auf, was er tun kann.

Den Kontakter kriegen Sie so:

- Überfallen Sie ihn nicht, geben Sie ihm Zeit.
- Zeigen Sie aufrichtiges Interesse an seiner Person.
- Hören Sie ihm aufmerksam zu und beweisen Sie ihm, dass Sie sich in ihn einfühlen.

Den Analysten kriegen Sie so:

- Ködern Sie ihn mit Sachthemen.
- Verschwenden Sie keine Zeit mit persönlichen Themen.
- Halten Sie Gefühlsduseleien von ihm fern.
- Liefern Sie detaillierte Informationen.
- Thematisieren Sie Nachhaltigkeit und Langfristigkeit.

... Und dann machen Sie sich Gedanken über Ihren Platz in Ihrem Job, in Ihrer Familie. Sind Sie auf dem richtigen Posten? Und die anderen? Nur, wenn wir in der Position sind, wo wir unsere Stärken optimal ausleben können, können wir hundert Prozent geben und fühlen uns kraftvoll und zufrieden. Ein Kontakter, der ständig Entscheidungen treffen soll, fühlt sich genauso unwohl wie ein Analyst, von dem vorrangig Mitgefühl erwartet wird.

Sorgen Sie dafür, dass Sie selbst und Ihr Team leistungsfähig sind und setzen Sie Ihre Kollegen, Freunde und Familienmitglieder dort ein, wo sie ihre Stärken entwickeln und ihre Schwächen überwinden können.

Als gute Agenten vergessen Sie niemals: »Der erfolgreiche Mensch beschäftigt sich mit den Interessen der anderen, der erfolglose und der gewöhnliche Mensch vorwiegend mit seinen eigenen Interessen« (Alfred Adler, Begründer der Individualpsychologie).

Abschließend möchte ich Sie bitten, sich einmal selbst genau zuzuhören. Häufig bedenken wir Menschen, die anders ticken als wir, mit gewissen Kosenamen. Diese verraten oft sehr viel darüber, ob wir selbst Macher, Kontakter oder Analysten sind – und natürlich auch über diejenigen, über die wir uns aufregen.

An der Art und Weise, wie sich der eine über den anderen echauffiert, können Sie sehr viel heraushören. Gute Agenten müssen nicht viel nachfragen. Sie spitzen einfach die Ohren und gelangen an ihre Informationen, ohne dass andere überhaupt merken müssen, wie viel sie über sich preisgegeben haben.

Macher werden gern tituliert als rücksichtslose Ellenbogentypen, Egoisten, Angeber, Großmäuler … und was sagen Sie dazu?

Kontakter werden gern tituliert als Warmduscher, Plaudertaschen, Schnecken … und was sagen Sie dazu?

Analysten werden gern tituliert als Spielverderber, Prinzipienreiter, kleinkariert, Eiswürfel … und was sagen Sie dazu?

Gelegentlich punktet der erfolgreiche Agent zur richtigen Zeit mit den passenden Flüchen – am besten in der Sprache seiner V-Leute. Keine Sorge, dies ist keine Voraussetzung, um einige weitere Geheimnisse der Menschenkenntnis kennenzulernen!

DECKNAME TASSE

München, 13. September, 07:30 Uhr

Sarai-Reisen war nicht der einzige Fall, an dem wir zurzeit arbeiteten. Genau genommen war Sarai-Reisen noch gar kein Fall. Jede unserer Operationen befand sich in einem anderen Stadium der Ermittlungen, forderte jedoch ein gleichermaßen konzentriertes Vorgehen. Im Rahmen der Operation Panther, einem Korruptionsfall ungeahnter Ausmaße, liefen die bisher umfangreichsten verdeckten Maßnahmen seit Bestehen des Dienstes. Dort befanden wir uns mitten in der heißen Phase der Informationsverdichtung. Ein anderer Fall, Merw, stand nach zwei Jahren mitunter schwieriger operativer Arbeit vor dem Abschluss. Wir waren kurz davor, einen Ring von Rauschgiftverteilern um den russischen Drahtzieher Wladimir L. in Berlin zu zerschlagen.

Auch im Fall Merw war Tichow involviert. Er hatte mit teilweise riskanten Operationen maßgeblich zur Aufklärung beigetragen. Diese Akte würde in den nächsten Wochen geschlossen werden. P würde sie, wie immer bei Erfolgen dieser Kategorie, höchstpersönlich ins Ministerium tragen und sich zu seiner guten Arbeit gratulieren lassen. Unser P – Sie ahnen es bestimmt – ist, wie auch der AL, ein Macher.

Tichow hatten wir rechtzeitig vor den bevorstehenden polizeilichen Zugriffsmaßnahmen aus dem Umfeld unserer Zielpersonen abgezogen. Auch aus Berlin. Wir hatten für ihn eine Legende konstruiert, die seine Umsiedlung nach München plausibel machte. Der Fall Merw unterlag wegen seiner politischen Dimension der höchstmöglichen Geheimhaltungsstufe: streng geheim. Wladimir L. investierte seine illegal erlangten Gelder, wie so viele andere Kriminelle seiner Liga, teilweise wieder zurück in den legalen Wirtschaftskreislauf. Natürlich aus rein strategischen Gründen. So war er nicht nur verflochten mit seinesgleichen, sondern auch bestens vernetzt mit wohlhabenden Unternehmern, der High Society und höchsten politischen Ebenen seines Landes. Seine legalen Geschäfte dienten ihm als Deckmantel, unter dem er seine Einnahmen aus Drogen- und Waffenhandel, Schutzgelderpressung, Prostitution und anderen kriminellen Geschäften sauber wusch. Tichow hatte uns letztlich die fehlenden Puzzleteilchen geliefert, um den Filz und die Verflechtungen im System Wladimir L. zu erkennen. Dass er dazu der richtige Mann war, hatte ich vielleicht schon beim ersten Blick in sein kantiges Gesicht unter der blonden Stoppelfrisur geahnt, das ich auf einem Observationsfoto entdeckt hatte, einem leicht unscharfen Schnappschuss einer Handykamera. Tichow, dessen wahren Namen wir damals noch nicht kannten und der folglich auch noch nicht seinen Decknamen trug, nahm eine Lieferung Heroin in Empfang und rauchte dabei eine Zigarette. Ich weiß bis heute nicht, warum, aber ich hatte das Gefühl, er könnte der Schlüssel sein, der uns Zugang zu Wladimirs Kreis verschaffte. Meine Intuition täuschte mich nicht. In meinem Buch *Ich krieg dich!* habe ich den Fall Merw beschrieben und wie ich Tichow dazu brachte, als Vertrauensmann für den Geheimdienst zu arbeiten.

Wladimir L. hatte keine Ahnung, wie nah wir ihm aktuell waren. Er hatte in letzter Zeit einige Rückschläge einstecken müssen, sich jedoch persönlich stets sicher gefühlt, getarnt und verpuppt in seinem dichten, klebrigen Netz. Die Vorbereitungen des Zugriffs liefen seit einigen Tagen auf Hochtouren. Zwei Dutzend Agenten, sechs Staatsanwälte und über hundertzwanzig Polizeibeamte warteten bundesweit auf den passenden Moment, um zuzuschlagen. Diesmal würde Wladimir L. uns nicht entkommen – wir hatten mehr Beweise gesammelt, als P ins Ministerium würde tragen können. Diesmal würden wir die Organisation zerstören, die große Mengen harter und weicher Drogen nach Deutschland schmuggelte und Gegner sowie Konkurrenzorganisationen rücksichtslos eliminierte. Wie viele Tote es bereits gegeben hatte, konnten wir nur ahnen, da die Russen ihre Leichen für gewöhnlich nicht auf der Straße liegen lassen. Sie erregen kein Aufsehen. Was übrig bleibt, wird gut verschnürt, handlich verpackt und häufig versenkt. Wenn jemand komplett verschwindet, dann in der Heimat, in Weißrussland, in der Ukraine, wohin er vielleicht mit einem Auftrag geschickt wird. Auch so kann man das Wort Killerkommando interpretieren. Alles, was im Weg steht, wird plattgemacht. Irgendwann ertönt bei Anruf statt eines Freizeichens die Ansage: »Diese Nummer ist nicht vergeben … Diese Nummer ist nicht vergeben … Diese Nummer …«

Kein Wunder, dass das kleine Busunternehmen Sarai-Reisen in der Nachbarschaft dieser wirklich dicken Fische wenig Beachtung fand. Zu wenig, wie Sabine und ich meinten. Viele unserer großen Erfolge hatten ganz klein begonnen. Wir würden dranbleiben und dem Kind einen Namen verpassen.

Jeder Fall hat seinen Namen: Fall X, Operation Y, Mission Z. Agenten handeln nach dem Grundsatz: So viel wissen wie nötig und so wenig wie nötig. Das gilt auch intern. Jeder weiß nur, was er wissen muss. Der in Firmen sonst übliche Flurfunk – was gibt's Neues, wer macht was, wo tut sich was – existiert auch beim Geheimdienst. Aber niemals über die Arbeit, also laufende Fälle und Ermittlungen. Aus Gründen der Geheimhaltung und des Quellenschutzes tragen alle Fälle abstrakte Namen, die keinen Rückschluss auf Zielpersonen, Sachverhalte oder Deliktsbereiche zulassen. So kann zum Beispiel eine Observation für den Fall Panther geplant und organisiert werden, ohne dass die Einsatzkräfte im Vorfeld mehr Informationen erhalten, als sie notwendigerweise brauchen. Mit einem Gesprächsfetzen wie »Der Zugriff Marende steht bevor«, kann der zufällige Mithörer wenig anfangen, wenn er nicht eingeweiht ist.

Ein Fallname sagte bei uns oft mehr über das Ermittlungsteam aus als über den Fall an sich. Die Fälle des Teams, für das Philipp überwiegend arbeitete, trugen ausnahmslos kraft- und klangvolle Bezeichnungen wie Operation Puma, Adler, Monte Carlo, Bellevue, Diamant oder Rocky. Die Asiaten-Ermittler machten sich in alter asiatischer Karaoke-Tradition offensichtlich einen Spaß daraus, die Namen für ihre Missionen durch Bad-Taste-Contests zu bestimmen. So kam es zu Namen wie Plastikblume, King Kong oder Fall Auwei Auwei – bayerisch ausgesprochen, versteht sich. Die Fallnamen von Sabines und meinem Team waren so unberechenbar, wie wir sie haben wollten. Und das hatte einen guten Grund: Duden auf, Finger drauf, Fallname fertig: Deckname Tasse.

»Wenn der Name Programm ist, wird dabei nicht viel herauskommen«, prophezeite der AL, obwohl er es besser wissen sollte. Ein Name war bei uns nie Programm.

»Ach, wissen Sie, manche Tassen können sehr groß sein«, grinste Sabine, vor der, wie jeden Morgen bei der Lagebesprechung, ein XXL-Kaffeepot thronte, auf dem in großen roten Lettern zu lesen war: Solange mein Chef so tut, als würde ich viel verdienen, tue ich so, als würde ich viel arbeiten.

»Und manche heben sogar ab«, ergänzte ich. In der Nacht zuvor war den Zeitungen zufolge ein unbekanntes Flugobjekt über einem Feld bei Freising gesichtet worden.

Verständnislos schaute uns der AL an.

Sabine konnte sich nicht mehr beherrschen. Das kam selten vor. »Ufos«, prustete sie laut heraus, und der AL sah keine andere Möglichkeit, als mitzulachen, wenn auch gequält.

Zum jetzigen Zeitpunkt waren Höhenflüge nicht in Sicht. Die Hypothesen in unseren Köpfen konnten sich genauso gut als Luftschlösser erweisen. Aber so war es oft. Also kein ernsthafter Grund zur Sorge. Hier ein kleiner Hinweis, dort eine erste Quellenmeldung, eine winzige Spur, dann Ermittlungen, gelegentlich ein Zufall – und schließlich die Gewissheit: Da steckt ja wirklich was dahinter!

Dieses Stadium ist sehr kritisch und empfindlich. Als Menschen neigen wir dazu, das zu sehen, was wir sehen wollen. Wenn wir Hypothesen für bare Münze nehmen, lenken wir damit unsere Wahrnehmung unbewusst in die Richtung, die unsere Hypothese bestätigt. Wenn wir an etwas wirklich glauben, finden wir auch Beweise dafür. Egal, ob es stimmt oder nicht. Wir sehen nur noch das, was unsere Annahme zu bestätigen scheint, und sind blind für alles andere. Was im Alltag zuweilen ärgerlich sein mag, ist beim Geheimdienst zudem mit unnötigen Risiken, hohem Aufwand und im schlimmsten Fall mit der Verdächtigung von Unschuldigen verbunden. Deshalb ist es enorm wichtig, einen kühlen Kopf zu bewahren und klar zwischen einer Annahme und einer Tatsache zu unterscheiden. Was einfacher gesagt ist als getan.

Agenten sind frei

Als Menschen bewerten wir ständig. Egal, ob wir beim Bäcker Brötchen kaufen oder in einer Verhandlung Geschäftspartner scannen. Und wir bewerten nicht nur Personen, sondern auch Sachverhalte. Das ist richtig und wichtig. Die Frage ist nur: Wie tun wir das? Auf welchen Erfahrungen, Erlebnissen und Erwartungen basieren unsere Ergebnisse? Letztlich brauchen wir nur unsere Erwartungen zu betrachten, und wir wissen, zu welchem Ergebnis wir als Menschen kommen wollen. Agenten gehen einen Schritt weiter. Sie wissen jederzeit, was sie tun, um nicht allein von ihrem Unterbewusstsein gesteuert zu werden. Bei einem Agenten ist das Unterbewusstsein niemals undercover, schon gar nicht in Bezug auf Menschenkenntnis, denn hier dient es uns als wichtiges Messgerät. Wir sollten lernen, die Werte korrekt abzulesen – und vor allem: unser Unterbewusstsein immer wieder mal zu kalibrieren!

Wie kompetent bin ich in Sachen Menschenkenntnis?
Auf welcher der vier Stufen stehe ich?

1. Stufe der unbewussten Inkompetenz.
2. Stufe der bewussten Inkompetenz.
3. Stufe der bewussten Kompetenz.
4. Stufe der unbewussten Kompetenz.

Für Agenten ist das Ziel, die höchste Stufe zu erreichen: die unbewusste Kompetenz. Der Weg dorthin führt oftmals zuerst über die unbewusste Inkompetenz: Mit unseren Einschätzungen und Entscheidungen liegen wir öfter daneben und merken das gar nicht. Wir haben hier unseren blinden Fleck. Dadurch machen wir es uns schwerer als nötig – aber auch das bemerken wir häufig nicht.

Das Schöne an dieser Stufe ist: Unsere Inkompetenz, die wir nicht bemerken, tut uns nicht weh. Der Nachteil: Sie bringt uns nicht weiter. Diese Stufe haben Sie sicher schon eine Weile hinter sich, sonst hätten Sie es in den harten Tests und Auswahlverfahren niemals bis hierher geschafft.

Irgendwann erkennen wir, dass unser Verhalten das Verhalten anderer mit beeinflusst. Wir bemerken, dass wir es uns im Umgang mit anderen Menschen manchmal selbst schwerer machen als nötig. Wir sind uns darüber bewusst, dass es irgendwo hakt, dass wir nicht unfehlbar sind, dass wir nicht alles wissen, dass manches auch anders sein kann. Wir rechnen damit, dass unsere Einschätzung eines anderen Menschen uns täuschen kann. Leider wissen wir aber noch nicht so richtig, wie wir das ändern können. Dennoch sind wir einen wichtigen Schritt weiter: Wir stehen auf der Stufe der bewussten Inkompetenz.

Erst wenn wir dort angekommen sind, können wir die dritte Stufe erreichen, die bewusste Kompetenz: Wir haben erkannt, dass wir es uns durch unser Verhalten oder unsere Einschätzungen und Entscheidungen in bestimmten Situationen schwerer als nötig machen – sind neugierig geworden und haben eine Strategie gesucht und gefunden oder entwickelt, hier zu optimieren, um bessere Ergebnisse/Reaktionen zu erzielen. Diese neue Strategie, diese neue Einstellung, dieses neue Vorgehen umzusetzen, fordert unsere volle Aufmerksamkeit und Konzentration. Es läuft noch nicht von selbst, aber es funktioniert. Wir scannen andere gezielt aufgrund diverser Kriterien – einige davon lernen Sie auf unserer aktuellen Mission kennen.

Die Übung macht den Meister. Nach und nach werden Sie sicherer – und auf einmal merken Sie gar nicht mehr, dass Sie andere durchleuchten. Und öfter richtigliegen als falsch, es leichter haben als früher. Es geschieht automatisch. Wie von selbst. Was als Strategie oder einfach bewusste Arbeit an Ihrer Einstellung begonnen hat, ist verinnerlicht zum Teil Ihrer Glaubenssätze geworden. Sie haben die hohe Stufe erreicht, die der unbewussten Kompetenz.

Diese vier Stufen absolvieren wir im Übrigen nicht nur in Bezug auf Menschenkenntnis. Auch beim Autofahren schadet es nichts, die unbewusste Kompetenz auf dem Beifahrersitz mitzunehmen!

Ich selbst stelle meine Glaubenssätze immer wieder ganz bewusst auf den Prüfstand. Dazu spornte mich auch der SGL in einem unserer ersten längeren Gespräche an. Ich war erst wenige Wochen im Haus und am Beginn meiner Agentenkarriere. Offenbar hatte der SGL meine Gedanken über einen Kollegen gelesen. »Mach dir klar, dass du in Schubladen denkst«, warnte er mich. »Und nimm es nicht tragisch. Das machen wir alle. Aber arbeite dran. Du hast Oliver in die Schublade ›nach oben buckeln, nach unten treten‹ gesteckt. Aber das ist nur deine Realität. Ob er dort wirklich hinein gehört oder nicht, wird er anders beurteilen als du. Und beide habt ihr mit eurer Meinung recht. Jeder für sich. Aber ums Rechthaben geht es bei uns nicht. Hier geht es darum, Ziele zu erreichen. Tu dir selbst einen Gefallen: Stell dir das mal bildlich vor. Da ist ein großer Schrank mit vielen Schubladen. Auf jeder steht etwas anderes. Du nimmst deinen Kollegen, und steckst ihn ganz bewusst noch einmal in diese Schublade. Das ist okay für den Moment. Aber jetzt achte darauf, dass du die Schublade offen lässt und nicht zuschiebst. Damit gibst du ihm und dir die Chance, die Schublade wieder zu verlassen. So tust du euch beiden etwas Gutes. Und genauso erlaubst du niemandem, die Schublade, in die er dich steckt, zu schließen. Deine Freiheit beginnt bei dir im Kopf.

Lass dich nicht durch andere und durch deine Meinung über sie limitieren.«

Nein, das würde ich nicht zulassen. Ich bin dem SGL bis heute sehr dankbar für diesen Tipp. Wenn wir Menschen durchschauen wollen, geht es nicht bloß darum, schnelle Urteile zu fällen, sondern so breit und tief wie nur möglich zu gucken. Das Ziel ist, den anderen immer wieder neu kennenzulernen. Auch die Dinge wahrzunehmen, die wir vielleicht gar nicht sehen möchten, weil sie nicht in unser Bild passen. Wir können sie sehen, wenn wir das wollen. Auch als subjektive Wesen können wir uns um höchstmögliche Objektivität bemühen und in den Raum der Freiheit vorstoßen, wo alles möglich ist. Wo sich dann auch überraschende Wendungen offenbaren, die wir niemals ausgespäht hätten, wenn wir angenommen hätten, sofort alles zu wissen. Richtig spannend wird es immer erst tiefer! Und das kann auch ganz schnell gehen!

Neue Fälle bestehen häufig aus Hinweisen und Verdachtsmomenten, die wir zu Hypothesen formen. Im Zuge der Informationsbeschaffung und -verdichtung werden dann mehr und mehr Fakten gewonnen, man trotzt den sumpfigen Hypothesen festes Land ab. Am Ende eines geklärten Falles stehen wir auf sicherem Boden. Dieser Halt wird auch gewährleistet durch den nachrichtendienstlichen Grundsatz der Trennung zwischen Beschaffung und Auswertung. Das bedeutet: Der Beschaffer, der nah am V-Mann ist, erhält die Informationen direkt und ungefiltert – eingefärbt mit all den Bewertungen, Interpretationen und Emotionen des V-Mannes. Der Auswerter – in unserem Fall Sabine –, der den Treffbericht liest, bekommt die reine Information, markierte Interpretation, nicht die Emotion. Das ermöglicht ihm, einen neutraleren Blick auf die Angelegenheit zu werfen. Der Auswerter läuft so weniger Gefahr, von den Emotionen des V-Mannes mitgerissen und beeinflusst zu werden. Er urteilt objektiver. So etwas kennt jeder von uns auch aus dem Privatleben. Wenn ein Konflikt schwelt, in den wir involviert sind, tut es immer gut, einen neutralen Beobachter hinzuzuziehen, der feststellt, was man selbst, blind und taub vor Emotionen, nicht erkennen konnte. Und wenn man mal keinen neutralen Beobachter zur Hand hat? Dann tut man das, was für Agenten tägliches Brot ist.

Der geistige Handlungsspielraum des Agenten

Je besser es Ihnen gelingt, andere Menschen so zu stimmen, dass sie Ihnen zumindest neutral begegnen, desto schneller werden Sie sie durchschauen. Denn dann müssen Sie nicht erst ihre Widerstände, Blockaden, kleinen und großen Schwindeleien entlarven und aus dem Weg räumen. Machen Sie sich bewusst, dass Sie in der Beurteilung anderer Menschen immer an zwei Fronten kämpfen.

1. Ihr Gegenüber will womöglich nicht, dass Sie seine wahren Absichten erkennen. Er versucht Sie in bestimmten Angelegenheiten im Ungewissen zu lassen, vielleicht sogar in die Irre zu führen. Mit allem, was ihm zur Verfügung steht: Körpersprache, Auslassungen, Täuschungen, Verschleierungen. Er zeigt Ihnen ein freundliches Gesicht und denkt sich seinen Teil. Er legt eine Rüstung an. Für die brauchen Sie gegebenenfalls einen Spezialscanner. Kein Problem, als Agenten verfügen Sie über den Röntgenblick. Aber: Das kostet Zeit. Die haben Sie vielleicht nicht, weil Sie schnell reagieren müssen. Deshalb: Stellen Sie ein freundliches, unterstützendes, wohlgesonnenes oder zumindest freundlich-neutrales Klima her. Ein sogenanntes Yes-Setting. Damit Ihr Gegenüber nicht mal daran denkt, seine Rüstung anzulegen – und Sie den freien Durchblick haben.

2. Auch Sie selbst könnten eine mentale Rüstung angelegt haben. Das ist unbequem, macht starr und unbeweglich. Vorurteile verhärten die Fronten und trüben den klaren Blick. Legen Sie Ihren Panzer ab. Sie brauchen ihn nicht. Verlassen Sie sich auf Ihre un-

bewusste Kompetenz und Intuition, und wenn Sie sich irren, dann machen Sie es beim nächsten Mal besser. Bleiben Sie am Ball!

Indem Sie Ihrem Gegenüber signalisieren, dass Sie ihn nicht vorverurteilen, wird er seinerseits auch weniger Abschottungsmaßnahmen an den Tag legen. Er schaltet die Alarmglocken ab, und Ihnen fällt es leichter, ihn zu durchschauen. Das ist schlichtweg Zeitersparnis. Als Agenten haben Sie selten alle Zeit der Welt, um erst einmal die Sicherungssysteme Ihres Gegenübers zu überwinden – die Sie noch dazu auf eine falsche Fährte locken können. Also handeln Sie klug, und halten Sie alles Störende so gering, leise und klein wie möglich, damit Sie ganz schnell dorthin kommen, wo es wirklich interessant wird. Wenn Sie ehrlich sind, erkennen Sie, dass Sie genauso reagieren würden. Sobald Ihnen jemand »komisch kommt«, Sie abwertet, sei es mit Worten oder zwischen den Zeilen, schotten Sie auch ab. Sie schützen sich, natürlich! Wenn Ihnen jemand freundlich begegnet, denken Sie vielleicht nicht mal dran, die Rüstung anzulegen. Ja, das könnte ein Fehler sein. Das freundliche Gesicht, das die bösen Absichten verbirgt, gehört zum Ganoven-ABC. Doch wir sind hier noch beim Agenten-ABC. Deshalb nachfolgend einige unverzichtbare Verhaltenstipps für Menschen-Leser.

Immer um eine Perspektive erweitern: Wertschätzung

Sie sind Agent. Stellen Sie sich vor, die Tür geht auf, ein Mann wird hereingeführt, vielleicht in Handschellen. Sie kennen lediglich zwei Dinge von ihm: Sein Vorstrafenregister und Sie wissen, was er am Abend zuvor getan hat. Diese brutale Gewalttat werden Sie nicht mal in abgeschwächter Form zu Hause erzählen wollen. Auch das Vorstrafenregister behalten Sie lieber für sich. Es kam nicht per Fax wie üblich, sondern mit der Spedition. Sie kennen also nur die Schattenseiten des Lebens dieses Mannes. Sollte das alles bleiben, was Sie über ihn wissen, wird es sehr schwierig für Sie werden, auf der Beziehungsebene Boden zu gewinnen, der irgendwann einmal Früchte trägt. Als Agent brauchen Sie aber genau diese Beziehungsbasis, weil sonst weder eine Befragung noch eine Vernehmung Ergebnisse bringen. Sie brauchen eine gute Basis, um sachliche und inhaltliche Aufschlüsse zu erlangen. Deshalb bereitet sich ein erfolgreicher Agent auf solche anspruchsvollen Treffen vor. Ich suche an meinem Gegenüber ganz bewusst nach einem Aspekt, den ich ehrlich und aufrichtig wertschätzen kann. Bevor ich diesen einen Aspekt nicht gefunden habe, geht die Vernehmung nicht los – weil sie nichts bringt. Diese Suche lenkt meine Aufmerksamkeit automatisch auf positive Eigenschaften oder erwünschtes Verhalten. Das kann alles sein und aus jeder Richtung kommen: die vorbehaltlose und freundliche Geste der Toilettenfrau gegenüber, der sorgfältige Umgang mit dem ausgeliehenen Buch, der liebevolle Austausch mit seinem Sohn, die jahrelange Pflege der kranken Mutter. Der aktuelle Konflikt wird auf einmal zu einem kleinen Teil eines großen Ganzen. So wird mir bewusst, dass dieser Mann aus mehr besteht als aus dem Konflikt, den ich mit ihm habe. Das erweitert meine Perspektive und gibt mir geistigen Handlungsspielraum zurück. Die Wertschätzung und Begegnung auf Augenhöhe ist der goldene Schlüssel, der eine Tür in der Mauer Ihres Gegenübers öffnen wird.

Dieser Trick funktioniert nicht nur bei Kriminellen, sondern auch bei echten Härtefällen wie Schwiegermüttern an Heiligabend, übergründlichen Finanzbeamten und allen, die es Ihnen schwer machen. Wie zum Beispiel Ihrem »schwierigen Kunden« oder dem Kollegen, der Sie durch seine bloße Anwesenheit auf die Palme treibt. Auch hier kann es Sie ungemein entspannen, bewusst seine positive Seite zu durchschauen. In aller Regel werden Sie erstaunt feststellen, dass Sie sehr viel mehr finden, als Sie zu Beginn für möglich gehalten hätten. Auch bei einem langen Vorstrafenregister. Sie finden nichts? Das glaube ich nicht. Die Spedition hat genug Material abgeladen. Irgendwo versteckt sich eine Botschaft, die Sie auf die richtige Fährte bringen wird. Agenten finden immer etwas. Es liegt nicht an Ihrem Gegenüber, es liegt an Ihnen.

Urteilsfrei

Als Agent lasse ich mein Gegenüber immer sein Gesicht wahren. Erst recht dann, wenn der Konflikt groß und das Eis auf der Beziehungsebene dünn ist. Es ist nicht mein Job zu urteilen – und Ihrer ist es in aller Regel auch nicht. Immer dann, wenn wir einen anderen Menschen abwerten, und sei es nur durch einen Blick, eine Geste oder ein Wort, das wir nicht sagen, stagnieren wir. Wenn wir nicht sogar einen Schritt rückwärtsgehen in unserer Beziehung zu diesem Menschen – oder gar um Längen zurückgeworfen werden. Das holt man nicht so schnell wieder auf, wenn überhaupt. Im alltäglichen Normalfall merken wir manchmal nicht einmal, was wir ausgelöst haben. Unser Gegenüber sagt uns nämlich nicht, was ihm nicht passt. Das würde ihm ja eine Blöße geben, er würde eine Schwachstelle oder Empfindlichkeit zeigen. Und es würde Mut erfordern. Das sind wir ihm vielleicht gerade nicht wert, weil wir sein Vertrauen, seine Achtung mit unserem Verhalten längst verscherzt haben. Vielleicht wartet er aber auch bloß auf den richtigen Zeitpunkt. Bis er den gefunden hat, falls er ihn jemals findet, lässt er uns am ausgestreckten Arm verhungern. Er hält die Füße still, er liefert nicht auf Termin, er filtert Informationen, er betreibt hintenherum Politik, er sitzt das Problem aus. Sein Problem sind in dem Fall wir. Nach vorne lächelt er uns nett an, sodass wir glauben, wir hätten alles im Griff. Er wird uns sehr freundlich verabschieden, aber vermutlich nie wieder einladen. Die Tarnung ist perfekt. Wer kommt da schon auf die Idee, dass es hier eine Menge zu durchschauen gäbe? Die Fassade ist so glatt, dass Sie schlichtweg daran abrutschen. Weil Sie einmal durch die falsche Tür hereingekommen sind und das nicht gemerkt haben. Anstatt zu durchschauen, sind Sie womöglich durchschaut worden.

Sobald Ihr Gegenüber registriert, dass Sie ihn in eine Schublade stecken und vorverurteilen, steckt er Sie auch in eine.

Würden wir uns in Situationen, in denen wir uns selbst ertappen, den anderen abzuwerten oder zu verurteilen, die drei einfachen Fragen stellen …

1. Wäre ich in deiner Situation …
2. Hätte ich denselben Hintergrund wie du …
3. Hätte ich dann tatsächlich anders entschieden oder mich eventuell genauso verhalten?

… dann wären wir schon einen Schritt weiter. Denn wenn Sie versuchen, sich diese Fragen zu beantworten, werden Sie feststellen, wie wenig Sie über Ihr Gegenüber wissen. Und das kann Ihnen selbst bei Mitarbeitern oder Kollegen so gehen, mit denen Sie schon jahrelang eng zusammenarbeiten.

Perspektivenwechsel erweitern Ihren Blickwinkel und geben Ihnen geistigen und emotionalen Handlungsspielraum zurück. Agenten wechseln häufiger die Perspektive als Autos, Frauen, Waffen. Denn letztlich ist es die Perspektive, die alles Folgende erst ermöglicht! Vor allem auch den klaren Blick, wenn es darum geht, die tatsächlichen Motive und Hintergründe zu erkennen.

Wann bin ich wirklich gemeint und wann meine ich nur, dass ich gemeint bin …

Als Agent entscheide ich ganz bewusst, was ich persönlich nehme – und vor allem, was NICHT!

Wenn Sie mit Menschen in Konfliktsituationen zu tun haben, dann bleibt es nicht aus, dass Sie sich gelegentlich respektlos, unhöflich oder sogar unfair behandelt fühlen.

Ihr emotionales System reagiert auch darauf. Und das sofort, ob Sie wollen oder nicht.

Die Frage ist nur, wie? Lassen Sie es an sich ran oder nicht?

Lassen Sie zu, dass Sie sich persönlich angegriffen fühlen? Oder gelingt es Ihnen, eine andere Haltung einzunehmen?

Die könnte so aussehen: Dein Verhalten zeigt mir, dass du offensichtlich nicht über die soziale Kompetenz verfügst, die jetzt gerade gefragt gewesen wäre. Daraus folgt: Du hast das Problem – nicht ich. Weil du mit deinem Verhalten an jeder Ecke und Kante, die sich bietet, hängen bleiben wirst. Nicht ich.

Wir können im Leben nicht immer zu einhundert Prozent beeinflussen, mit welchen Situationen und Menschen wir konfrontiert werden, aber wir können von Mal zu Mal selbst entscheiden, wie wir auf sie reagieren.

Lassen wir zu, dass wir uns persönlich angegriffen fühlen? Lassen wir zu, dass wir uns dadurch schlecht fühlen? Oder gelingt es uns, emotional Distanz zu halten und unseren klaren Blick fürs Gegenüber zu bewahren?

Wenn jemand Sie unverschämt behandelt, dann hat er das Problem und nicht Sie. Sie bleiben souverän und gelassen, behalten Ihren geistigen Handlungsspielraum und Ihren Durchblick. Ganz nebenbei wirken Sie dadurch auch attraktiv und anziehend auf andere. Ihre Mitmenschen brauchen keine Schutzmaßnahmen, um Ihnen zu begegnen. Im übertragenen Sinne bedeutet das, Sie legen Ihre kugelsichere Weste ab. Ihr Gegenüber wird Ihnen folgen. Und genau das wollen wir doch für einen ungehinderten Blick ins Innere, oder?

Der erste Zugriff: Busbahnhof Arnulfstraße

Hauptquartier, Dienstag, 14. September, 18:10 Uhr

»Jetzt ist es so weit«, begrüßte mich Sabine, als ich ihr Büro betrat. Der Bus hatte Istanbul verlassen und befand sich auf dem Weg nach München. Planmäßig sollte er am nächsten Tag um 19 Uhr in München ankommen.

Sabine streckte mir eine schwarze Mappe entgegen. »Unsere Quelle in Istanbul sagt, es sind mindestens vier Personen an Bord, die illegal in die BRD einreisen möchten.«

»Woran macht sie das fest?«, fragte ich.

»Die Quelle hat beobachtet, dass vier Männer vor dem Einstieg in den Bus von einem Sarai-Mann auffällig-unauffällig Pässe ausgehändigt bekamen. Nur diese vier. Sie hätten die Pässe genauso auffällig-unauffällig entgegengenommen. Als der Typ dann weg war, hat jeder der vier seinen Pass sofort wieder hervorgezogen und unter die Lupe genommen, aufs Genaueste untersucht, durchgeblättert, abgetastet. Die Seite mit den persönlichen Daten und dem Foto hätten sie sich besonders lang angesehen. Einer hätte sogar laut gelacht.«

»Die haben sich mit ihrer neuen Identität angefreundet!«

»So was kennst du ja auch«, grinste Sabine, wurde aber sofort wieder ernst. »Auffällig sei zudem gewesen, dass die vier deutlich mehr Gepäck als die anderen Fahrgäste hatten. Unser V-Mann in Istanbul hat früher selbst geschleust. Er kennt das Geschäft. Er ist sich absolut sicher.«

»Wie viele Fahrgäste insgesamt?«

»Sechsundfünfzig.«

»Vier von sechsundfünfzig. Reicht das?«, fragte ich zweifelnd. Vierzig von sechsundfünfzig hätten mir besser gefallen.

»Fürs Erste reicht das, wir rechnen dann hoch«, meinte Sabine. »Sarai-Reisen fährt die Strecke ein- bis zweimal die Woche. Und das seit Jahren. Da kommen wir eher auf vierhundert.«

»Warst du schon beim SGL?«, fragte ich sie. »Jetzt ist Showtime für die Bundespolizei.«

»Am besten, er ruft selbst an, er hat einen guten Draht zu den Kollegen.«

»Den hat er doch überallhin«, schmunzelte ich.

Ja, das stimmte. Unser Chef war ein Kontakter, wie er im Buche steht. Zum Glück nicht nur. Ich hatte ihn oft genug als Macher und Analyst erlebt. Für mich war er eines meiner großen Vorbilder. Ein erfahrener und kompetenter Agent, dem es gelang, mit jedem sofort in Kontakt zu kommen und auf der Beziehungsebene zu punkten.

Viele unserer älteren Kollegen nannten die Bundespolizei immer noch BGS, Bundesgrenzschutz. Manche Gewohnheiten brauchen ihre Zeit, bis sie sich ein- oder ausgeschliffen haben. Da eine ihrer Hauptaufgaben auch nach der Umfirmierung in der Sicherung der Landesgrenzen besteht, ist die Bundespolizei der erste Ansprechpartner bei Schleusungen und Aufenthaltsdelikten.

»Wo kommt der Bus an?«, fragte der SGL.

»Arnulfstraße«, antwortete Sabine.

»Wann?«

»Wenn alles nach Plan läuft, morgen Abend gegen 19 Uhr«, sagte ich.

Der SGL griff zum Telefon und teilte dem zuständigen Kollegen von der Bundespolizei mit, was wir wussten.

»Jetzt noch dieselbe Bitte wie immer«, beendete er seine Ausführungen: »Bitte kein Wort von uns, es muss aussehen wie eine Routinekontrolle. Und kein Vermerk in den Akten. Auch nicht zu diesem Gespräch.« Schließlich durften wir unsere Quellen nicht gefährden, um auch nach dem Zugriff noch ungestört ermitteln zu können.

Der SGL hörte eine Weile zu und gab das Kennzeichen des Busses sowie die voraussichtliche Ankunftszeit am zentralen Omnibusbahnhof bekannt. »Vermutlich mit gefälschten Pässen, ja«, bestätigte er, schwieg erneut, sagte dann: »Ja, wir bewerten diese Information als wahrscheinlich wahr.«

Der SGL verabschiedete sich von seinem Gesprächspartner, legte den Hörer auf und nickte uns zu. »Die stehen morgen ab 17 Uhr bereit.«

»Ich fahr auch raus«, ließ ich den Chef wissen.

»Schön«, sagte er.

München, Arnulfstraße, Mittwoch, 15. September, 16:45 Uhr

Vor dem Zugriff nahm ich Kontakt zum Einsatzleiter der Bundespolizei auf. Unsere Observationsgruppe hatte den Bus bereits an der österreichischen Grenze aufgenommen und begleitete ihn nach München. Als »Ankunft in zehn Minuten« gemeldet wurde, setzte ich mich in meinen BMW, um das Geschehen aus der Ferne zu beobachten. Die Einheiten der Bundespolizei bezogen Aufstellung und waren startklar. Vier VW-Sprinter-Busse, vollgestopft mit Equipment, parkten abgesetzt vor dem Busbahnhof. Der Parkplatz war fast menschenleer und alles schien wie immer, reine Routine. Die Bundespolizei ist für solche Fälle perfekt ausgerüstet. Von der klassischen Polizeiausrüstung wie kugelsicheren Westen, Alkohol- und Drogentests, bis hin zu einer mobilen Einsatzzentrale, Laptops mit Onlineanbindung zum Zentralcomputer, Fotokopierer und ein voll ausgestattetes Labor mit Hightechgeräten, um schon vor Ort jeder noch so cleveren Passfälschung auf die Spur zu kommen.

Da war er! Der Bus bog links von der Arnulfstraße in den großen Parkplatz mit den Haltebuchten ein. Showtime: Sofort setzte sich einer der Streifenwagen vor den Bus, schaltete das Blaulicht an und leitete ihn per »Bitte folgen« zum beleuchteten Kontrollplatz. Wie aus dem Nichts tauchten rechts zwei Einsatzfahrzeuge auf, die den Bus flankierten und sofort die Türen besetzten, um zu verhindern, dass Passagiere ausstiegen. Das war die einzige Möglichkeit, die Situation unter Kontrolle zu behalten. Der Busfahrer wurde angewiesen, über Lautsprecher durchzusagen, dass nun eine allgemeine Personenkontrolle stattfinden würde. Jeder Fahrgast sollte auf seinem Platz bleiben, Ruhe bewahren und seine Ausweispapiere griffbereit halten.

Ein Beamter ging, abgesichert durch einen zweiten, von Sitzreihe zu Sitzreihe und sammelte die Pässe ein. Er nahm jeden Pass einzeln, klappte ihn auf und warf einen Blick in das Gesicht des Inhabers. Lichtbildabgleich! Stressmerkmale? Sein Kollege übernahm die Dokumente und sammelte sie in einem grauen Karton. Wieder beim Fahrer angekommen, gaben sie die Schachtel ihren Kollegen draußen und behielten Stellung im Bus. Die Türen blieben geschlossen. Kein schöner Job. Gereizte Stimmung. Die Leute wollten nach fünfundzwanzig Stunden Nonstop-Fahrt mit wenigen Pausen nur noch eines: raus! Sie mussten aufs Klo oder wollten rauchen. Oder einfach nur endlich an die frische Luft. Es musste jederzeit mit Übersprungshandlungen gerechnet werden. Insbesondere natürlich von jenen, für die im Moment alles auf dem Spiel stand. Wie würden die vier illegal Reisenden sich verhalten? Versuchen, unauffällig aus dem Bus zu kommen? Oder mit dem klassischen Kreislaufkollapstrick? Eine Schlägerei anzetteln, um im Chaos zu verschwinden? Waffen zücken? Alles war schon mal da gewesen. Den vier illegal Reisenden würde es gerade gar nicht gut gehen. Wer waren die vier überhaupt? Beim Einsammeln der Pässe war noch keiner aufgeflogen. In der mobilen Einsatzzentrale mussten die Pässe nun einem genaueren Blick standhalten; ihre akribische Überprüfung begann. Bald hätte die Polizei die vier überführt. Und dann wären Sabine und ich am Zug, die Drahtzieher im Hintergrund unter die Lupe zu nehmen.

Bei einer Passkontrolle werden immer zwei Dinge überprüft. Zum einen, ob der Inhaber des Passes zur Fahndung ausgeschrieben ist und ob er sich legal im Bundesgebiet aufhält, zum anderen, ob der Pass gefälscht, verfälscht oder gestohlen gemeldet ist. Totalfälschungen von Pässen sind keine Seltenheit. Gut gemachte Totalfälschungen allerdings schon, bei denen ein Pass vom Papier über das Bild, Folien, Hologramm, Nummern und Namen von Grund auf neu hochgezogen wird. In den meisten Fällen halten diese Totalfälschungen dem ersten und für den Laien sogar zweiten Blick stand. Weit häufiger kommen in der Praxis allerdings Verfälschungen vor: An einem echten Pass oder Ausweis wird manipuliert. Beispielsweise wird durch einen hauchdünnen Schnitt in der Folie, direkt an der Kante, das Bild aus der Tasche gezogen und ein anderes hineingeschoben. Oder die Laminierfolie des Passes wird vorsichtig entfernt und das Lichtbild ausgetauscht. Eine andere gängige Methode besteht darin, mit einer scharfen Rasierklinge Zahlen oder Buchstaben zu verfälschen. Beispielsweise wird bei einer 8 der Bogen links unten abrasiert, also die oberste Papierschicht mit der Drucktinte abgetragen, bis die 8 am Ende wie eine 9 aussieht. Sehr gerne wird auch gegenverkehrt vorgegangen: Mit Tusche und feiner Feder wird eine 9 zu einer 8, oder eine 6 zur 8: Ein kleiner Strich von nicht mal zwei Millimetern oder eine entsprechend kleine Rasur zeigt eine vergleichsweise große Wirkung. Aus dem wegen gewerbsmäßiger Hehlerei gesuchten Turgut Celic, geboren 18.04.1978 in Ankara, wird Turgut Celic, geboren 19.04.1978 – ein unbescholtener Bürger. Aus dem zur Festnahme ausgeschriebenen Hartmut Baumann, 16.01.1969, wird Hartmut Baumann, 18.01.1968, ohne Eintrag im Fahndungssystem. Ein kleiner Zahlendreher trickst bei der Abfrage den Polizeicomputer aus. Im Ostblock und in der Balkanregion werden mit steter Regelmäßigkeit professionell ausgestattete Fälscherwerkstätten ausgehoben.

Dank der in allen Pässen eingebauten Sicherheitsmerkmale wird es den Fälschern wenigstens nicht einfach gemacht. So gut wie alle Pässe bestehen weltweit aus fluoreszierendem Papier oder es sind einzelne fluoreszierende Fasern eingearbeitet. Dadurch springen Rasuren unter UV-Licht fast ins Auge; dilettantische fallen sehr schnell auf, gut gemachte bedürfen eines geschulten Blickes.

Sechsundfünfzig Passagiere und Pässe zu überprüfen, kann sich in die Länge ziehen. Ganz besonders dann, wenn bei der Überprüfung angenommen werden muss, dass vier der Pässe falsch sind, jedoch niemand weiß, welche vier. Das steigert bei dem einen Kontrolleur den Ehrgeiz, ein anderer will sich keine Blöße geben. Was auch immer der Antrieb sein mag, er führt in beiden Fällen zum gleichen Ergebnis: Jeder Pass, jede einzelne Seite jedes Passes, jede einzelne Zeile jeder Seite, jedes katalogisierte Fälschungsmerkmal wird akribisch unter die Lupe genommen. Das kostete Zeit und Nerven. In erster Linie nicht die Bundespolizei, sondern die Reisenden, die nach der langen Fahrt in dem engen, heißen und mäßig komfortablen Bus zunehmend ungeduldig wurden. Von meinem Beobachterposten aus konnte ich erkennen, dass der Busfahrer mit den Beamten diskutierte. Er versuchte ihnen wohl klarzumachen, dass er die Fahrgäste nicht im Bus halten konnte. Die Polizisten blieben freundlich, aber bestimmt.

Es dauerte weitere fünfundvierzig Minuten, ehe einer der Beamten den Schuhkarton mit den Pässen zurück in den Bus brachte. Gleich würden vier Personen abgeführt und ausführlich vernommen. Dachte ich. Doch die Türen wurden frei gegeben, und zwar für alle. Ich traute meinen Augen kaum und auch nicht meinen Ohren, als der Einsatzleiter mir mitteilte: »Nichts!« Sein Gesicht sprach Bände.

»Wo san's jetzt, eure Illegalen?«, wollte ein anderer von mir wissen.

»Habt's keinen gefunden?«, fragte ich kleinlaut.

»Nix«, wiederholte der Einsatzleiter.

Normalerweise habe ich immer einen flotten frechen Spruch auf den Lippen. Jetzt war ich still.

»Wie? Nix!?«, fragte mich der SGL ungläubig. Er dachte wohl, ich scherze.

»Gar nix«, nickte ich.

»Was machen wir jetzt?«, fragte Sabine.

»Weiter«, sagte ich.

AUS DEM AGENTENHANDBUCH

Kriminalistische Lügenerkennung

In der Kriminalistik spielt der Sachbeweis nach wie vor die bedeutendste Rolle: »handfeste« Beweise wie gesicherte Spuren, Fingerabdrücke, DNA oder Wissen, das nur der Täter haben kann. Um diese festen und unverrückbaren Fakten wird eine möglichst clevere Vernehmungstaktik aufgebaut, immer auf der Suche nach Zusammenhängen und Widersprüchen und mit dem Ziel, den mutmaßlichen Täter, der aus Selbstschutz schweigt oder lügt, am Ende zu einem Geständnis zu bringen oder ihn notfalls auch ohne Geständnis überführen zu können. Verweigert er jede Aussage, was Anwälte gerne empfehlen, ist das ein deutliches Indiz dafür, dass sich das Ermitteln lohnt, dass sich Zeit, Energie und Know-how, die investiert werden, am Ende auszahlen. Jemand, der nichts zu verbergen hat, schweigt nicht!

Aber was tun, wenn harte Fakten, verwertbare Spuren und griffige Indizien fehlen? Was tun, wenn der Partner/die Partnerin behauptet, diese bestimmte Nummer auf dem Handy nicht zu kennen, obwohl sie mehrfach in der Anrufliste erscheint? Was tun, wenn der kleine Peter dabei bleibt: »Ich war's nicht!«, und dann keinen Ton mehr sagt? Dann sind mehr als reine Ermittlungsstrategie und Vernehmungstaktik gefragt.

Genau wie im Fall Sarai. Hier hatten wir immerhin einen starken Verdacht, eine Handvoll Hinweise von V-Männern, die dank ihrer Kooperation mit dem Geheimdienst nicht auf der Zeugenbank Platz nehmen mussten. Das hat für den V-Mann den Vorteil, nicht als undichte Stelle bekannt zu werden, und für Geheimdienst, Polizei und Staatsanwaltschaft den Nachteil, dass sich die Begründung für Maßnahmen, wie Durchsuchungen, Festnahmen und Telefonüberwachungen im Täterkreis nicht auf V-Mann-Aussagen stützen lässt. Dieses System scheint sich selbst ad absurdum zu führen. Aber ohne diese, zugegebenermaßen nicht ganz konfliktfreie Konstruktion, würde den Sicherheitsbehörden weniger zugetragen. Der Staat wäre blind. Also erst einmal andere Schritte wählen. Weg von harten Fakten hin zu soften Skills.

Als Tichow die zwei Männer für Bülent von München nach Detmold fuhr, machte er den Verdacht, dass hier etwas nicht stimmte, vor allem an ihrem Verhalten und ihren körperlichen Reaktionen fest. Er habe Angst gerochen, wie er sagte. Kein wirklich kriminalistischer Ansatz, aber vermutlich ein treffendes Bild. Ich glaubte nicht, dass Tichow theoretische Werke zur kriminalistischen Lügenerkennung studiert hatte. Aber ich glaubte sehr wohl an seinen Instinkt, an seine Menschenkenntnis und Beobachtungsgabe.

Mit einer aufmerksamen Wahrnehmung ist es im Grunde ziemlich leicht zu erkennen, ob andere Menschen lügen? Könnte man denken – wenn man es aus eigener Erfahrung nicht schon besser wüsste. Nein, das ist es nicht. Aber wir können zumindest das, was auch der berühmt-berüchtigte Lügendetektor kann. Wir können erkennen, ob jemand gestresst ist. Wer lügt, ist gestresst. Ein Lügendetektor zeichnet während der Befragung kontinuierlich den Verlauf von verschiedenen körperlichen Parametern wie Atmung, Blutdruck, Puls, elektrische Leitfähigkeit der Haut einer Person auf. Beim menschlichen Lügendetektor läuft das anders.

Die Lüge ist einer der komplexesten Prozesse, die unser Gehirn kennt. Lügen bedeutet, geistig immer doppelte, dreifache oder vierfache Buchführung halten zu müssen. Wer schon mal versucht hat, eine Affäre vor seinem Partner geheim zu halten, weiß, wovon ich spreche. Wer lügt, ist belastet, geistig und körperlich. Er verhält sich, Berufsbetrüger ausgenommen, nicht so, wie er sich üblicherweise verhalten würde. Ob er will oder nicht: Wer lügt, muss sich zu hundert Prozent auf seine Geschichte konzentrieren. Deshalb fehlt ihm die Konzentrationsfähigkeit an anderen Stellen. Er kann nicht alles kontrollieren, was er müsste, um hundert Prozent authentisch zu wirken. Schon gar nicht seine Körpersprache. Und wie klingen Stimme und Intonation? So wie sonst oder anders? Die erlebte Geschichte ist abgespeichert und kann leicht abgerufen werden. Vorwärts und rückwärts und nicht chronologisch. Der Lügner muss, bevor er etwas sagt, immer erst einmal an die Wahrheit denken. Erst danach kann er konstruieren. Dabei muss er ununterbrochen Zusammenhänge, Abhängigkeiten, Wissensstände und Widersprüche überprüfen. Und er hat wenig Zeit. Eher gar keine Zeit. Das erzeugt Stress. Alles muss rasend schnell gehen. Und das Wichtigste: Es darf nicht auffallen, also Druck ohne Ende.

Um diesen Druck zu erkennen, muss man zwei Dinge wissen:
1. Wie verhält sich mein Gegenüber normalerweise?
2. Wann genau sollte ich auf jede kleinste Abweichung von diesem Normalverhalten, die sogenannten Stressmuster, achten?

Eines vorweg: Ein Lügenerkennungsmerkmal, das man suchen, finden und auf das man sich dann zu hundert Prozent verlassen kann, gibt es nicht. Auch nicht den angeblich verräterischen Blick nach oben rechts. Die Kunst liegt darin, ein Abweichen vom gewöhnlichen Verhalten festzustellen. Und zwar am besten in der Sekunde, nachdem Sie die Frage zu Ende gestellt haben. Denn bevor jemand lügt, muss er erst einmal die Wahrheit denken. Das ist extremer Overload fürs Gehirn. Da kann nichts anderes mehr kontrolliert werden.

Verhaltensabweichungen können unterschiedlich ausfallen. Wie sehen sie bei Ihnen aus? Wie gut kennen Sie sich? Vielleicht werden Sie ruhiger oder aktiver sein als üblich, auf Fragen verzögerter oder eiliger reagieren, nachlässiger oder bedachter antworten, Blicken sofort ausweichen oder den Bruchteil einer Sekunde zu lange standhalten, vielleicht müssen Sie grinsen oder lachen, vielleicht wird Ihr Herz schneller klopfen, vielleicht wird Ihr Atem schneller fließen, vielleicht rötet sich Ihr Gesicht, oder es bilden sich kleine Schweißperlen auf Ihrer Stirn – vielleicht. Was genau passiert, ist individuell verschieden. Aber eines ist sicher: Irgendetwas wird passieren! Und genau auf solche verräterischen Verhaltensänderungen und körperlichen Anzeichen von Stress achten Agenten.

Wenn ich vor einer Vernehmung frage: »Wie war die Nacht im Haftraum?«, »Hatten Sie Gelegenheit, mit Ihrer Frau zu sprechen?«, »Haben die Kollegen Sie gut behandelt?«, dann hat das nicht zwingend mit Small Talk zu tun. Beim einen Kollegen ist es wirkliches Interesse für das Gegenüber, beim anderen ist es eine kommunikative Strategie, um auf der Beziehungsebene zu punkten, aber es ist in jedem Fall immer auch eines: Die Antwort auf die Frage »Wie verhalten Sie sich üblicherweise?« Wie antworten Sie auf Fragen, die nicht wehtun, Fragen, die nicht ans Eingemachte gehen. Und darauf folgt dann eine sogenannte Hammer-Frage, das sind Fragen, die richtig an die Substanz gehen. »Wo waren Sie, als der Schuss fiel? Wo waren Sie zum Tatzeitpunkt? Wie kam die Leiche in Ihren Keller?«

Einen großen kleinen Haken gibt es allerdings. Genügt nicht schon die Tatsache einer Befragung durch einen Agenten oder Kriminalisten, um Stress auszulösen? Doch! Das macht die Sache kompliziert. Wahrscheinlich kennen Sie die Situation: Sie sitzen in Ihrem Auto, sind angeschnallt, haben kein Handy am Ohr, keinen Tropfen Alkohol getrunken, das Auto ist in Topzustand, Ihre Weste blütenrein. An einer roten Ampel bemerken Sie den Streifenwagen, beide Beamten gucken rüber zu Ihnen. Da ist sofort dieses latent schlechte Gewissen. Hoffentlich ist alles in Ordnung, habe ich alles richtig gemacht, Führerschein und Fahrzeugpapiere dabei? Jetzt bloß keine Fehler. Und ruck, zuck verhalten wir uns irgendwie seltsam ... ganz auffällig unauffällig, wir versuchen, unser Verhalten zu kontrollieren, das macht uns hölzern, unauthentisch und verdächtig!

Wollte man von diesen Wahrnehmungen auf die Wahrheit schließen, hätten Sie viel zu verbergen. Das weiß die Polizei, und wir Agenten wissen es auch. Dennoch kommt es hin und wieder zu Festnahmen, weil jemand, der nichts auf dem Kerbholz hat, sich so benimmt, als hätte er mehr Kerben denn Holz. Das ist ärgerlich für die Polizei, die gerade im Zuge der ersten Ermittlungen viel Zeit verliert, wenn sie zu früh einen falschen Verdächtigen schnappt. Es ist natürlich auch äußerst unangenehm für den zu Unrecht Verdächtigten. Vor allem, weil es für viele Menschen sehr schwer ist, eine Meinung aufzugeben. Anstatt frühzeitig umzukehren, wird lieber das Tempo erhöht, mit dem man in die Sackgasse rast. Auch deshalb ist das Korrektiv der Auswerter so wichtig. Ich habe schon einige Male von Sabine gehört: »Leo, du verrennst dich.« Und gut daran getan, ihrem Rat zu folgen und umzukehren.

Agenten leben mit der großen Unbekannten. Sie wissen, dass sie die Lüge nicht erkennen können. Dafür aber verdächtige Verhaltensabweichungen. Diesen Job haben Sie selbst bestimmt schon Hunderte von Malen gemacht, vor allem, wenn Sie Kinder haben. Wenn der kleine Hendrik, der sonst immer fröhlich die Türen aufreißt, bedrückt hereinschleicht ... mehr Verhaltensabweichung braucht es nicht. Manche Leute müssen ihrem Chef morgens bloß einmal kurz ins Gesicht sehen und sie wissen, was der Tag bringen wird.

Angenommen, in einem Bus von Sarai-Reisen säße ein hochkarätiger Analyst, der seine Emotionen normalerweise stark unter Kontrolle hat. In dem Moment, in dem er Heroin für 500 000 Euro am Körper trägt, wird ihm seine Nervosität einen Streich spielen. Spätestens, wenn er eine Uniform sieht. Das bleibt auch bei der Kontrolle nicht unbemerkt: »Würden Sie bitte aussteigen?« Wer so schwitzt und wem die Hände so zittern, der hat doch was zu verbergen, kombiniert der Beamte. Diesmal hat er recht. Ein anderes Mal täuscht er sich. Manche zittern und schwitzen auch ohne Grund bei einer Kontrolle. Da ist die Kontrolle Grund genug.

Die Herausforderung für Ermittler besteht also darin zu erkennen, welcher Stress situationsbedingt ist und welcher durch bislang noch unbekannte Faktoren entsteht. Ein unbekannter Faktor kann auch bedeuten, schnell nach Hause an den Computer zu müssen, weil ein eBay-Angebot abläuft.

So entlarven Sie kleine und große Lügen

Prägen Sie sich das Normalverhalten Ihres Gegenübers ein:

- Durch unverfängliches Plaudern Verhalten bei Ehrlichkeit beobachten
- Gesichtsausdruck und Verhalten einprägen

Wenn es dann ans Eingemachte geht …

Achten Sie auf Veränderungen:

- Verhaltensweisen kommen hinzu, verschwinden oder verändern sich
- Unstimmigkeit in Gesichtsausdruck, Körpersprache und Verhalten des Lügners
- Künstlicher Gesichtsausdruck, z. B. künstliches Lächeln
- Falsche Reihenfolge von Mimik/Gestik und Worten (normalerweise zeigen wir nonverbal unsere Emotionen, bevor das erste Wort folgt)
- Gesichtsausdruck hält zu lange an, z. B. anhaltende Überraschung

Achten Sie auf typische Anzeichen von Stress:

- Höhere Stimmlage
- Verzögerungen: Pausen, Wiederholungen, Nachdenken, Stottern
- Gepresstes Antwortverhalten (Antwort vor Ende der Frage)
- Körperliche Symptome, häufiges Blinzeln, Stressrituale

Achten Sie auf typische Merkmale von kontrolliertem Verhalten:

- Hölzerne, steife Körpersprache
- Kurze, nur teilweise ausgeführte Gesten
- Kurze, unwillkürliche Gesichtsausdrücke (die über die wahren Gefühle Aufschluss geben)

Achten Sie auf typische Anzeichen der drei Emotionen:

- Angst vor Entlarvung (Stressmerkmale)
- Schuldgefühle (trauriger Gesichtsausdruck, Entpersonalisierung: kaum Formulierungen mit »ich« oder »mein«), Körper vom Gesprächspartner weggeneigt ...
- Freude über die Täuschung (vor allem bei geübten Lügnern und Betrügern, erscheint oft unpassend)

Achten Sie auf typische inhaltliche Merkmale – fehlen diese Merkmale auffällig oft, handelt es sich um eine Lüge:

- Zahlreiche Details
- Ungewöhnliche Details
- Unverstandene Details
- Details über Gedanken und Sinneswahrnehmungen
- Details über Raum und Zeit
- Details über Wortwechsel
- Schilderung von Komplikationen
- Harmonische Detailkenntnis
- Glaubwürdigkeit von Erinnerungslücken
- Unstrukturierte Erzählung

Je mehr Merkmale Sie feststellen, desto sicherer können Sie sein. Aber Achtung: Sie sollten andere Gründe für Verhaltensveränderungen ausschließen!

Am besten durch eine möglichst kurze Zeitspanne zwischen

Ermittlung des Normalverhaltens und der Beobachtung von Veränderungen. Springen Sie zwischen entsprechenden Themen.

So können Sie den Stress gezielt erhöhen:
- Immer weiter fragen: nachhaken, zeitlich springen
- Keine Ja-Nein-Fragen stellen
- Schweigen, lange Pausen
- Köderfragen: Wissen über die Tat vorgaukeln

007-Agententricks:
- Stellen Sie Fragen, die nur ein Lügner als Anschuldigung erkennt
- Weisen Sie auf die schwerwiegende Bedeutung der Lüge hin, um Angst und Schuldgefühle zu steigern
- Erwecken Sie den Eindruck, hervorragend im Entlarven zu sein, um die Angst des Lügners zu erhöhen und die des Ehrlichen zu minimieren
- Machen Sie auf Ihr gutes Verhältnis zum vermeintlichen Lügner aufmerksam, um Schuldgefühle zu intensivieren

So können Sie ein Geständnis zusätzlich forcieren:
- Das Geständnis als Ausweg, Befreiung von Stress in Aussicht stellen
- Zwei Wege aufzeigen: verwerfliche Lüge versus untadelige Wahrheit
- Moralische Amnestie: Verständnis zeigen, zwischen Person und deren Verhalten trennen, Person dabei nicht abwerten

Agenten-Eignungstest

Und jetzt sind Sie dran: Lügen Sie, bis sich die Balken biegen!

Und beobachten Sie, was dabei mit Ihnen geschieht, wie Sie sich fühlen ... Das ist kaum möglich, weil Sie sich auf das Lügen konzentrieren müssen? Genau! Deshalb ist Lügen ja so schwierig, der reinste Stress. Und für das Gehirn Hochleistungssport!

A-MANN FÜR PLAN B

Hauptquartier, Donnerstag, 16. September, 09:00 Uhr

Sabine und ich beschlossen, die verdeckten Ermittlungen zu intensivieren. Über Philipp hakten wir in der Türkei nach. Die dortige Quelle schwor, dass alles genauso gewesen sei, wie sie berichtet hatte: Vier Männer mit sehr viel Gepäck, die vor dem Einsteigen in den Bus Pässe ausgehändigt bekamen, diese schnell wegsteckten und später bestaunten wie ein Geschenk, das man sich lange gewünscht hat.

»Aber die Pässe waren echt«, stieß Sabine hervor.

»Vielleicht sind die vier irgendwo unterwegs ausgestiegen?«, suchte ich nach einer Lösung.

»Es waren bei der Abfahrt und bei der Ankunft sechsundfünfzig Fahrgäste und zwei Fahrer.«

»Dann sind eben vier aus- und vier andere eingestiegen.«

»Macht das Sinn?«, fragte Sabine.

Ich schüttelte den Kopf. »Wir müssen näher ran.«

Zusammen mit Philipp, unserem Balkanexperten, schmiedeten wir einen Plan. Einer seiner V-Männer würde für uns im Bus sitzen. Noch dichter ran ging nicht.

»Jetzt kriegen wir sie«, zeigte Sabine sich zuversichtlich.

Eine Woche später war es so weit. Diesmal war sogar die Rede von neun illegalen Fahrgästen. Philipps Wahl fiel auf einen achtundzwanzig Jahre alten Türken, der Verwandte in Istanbul hatte und ohnehin regelmäßig zwischen Deutschland und der Türkei pendelte. Er würde Augen und Ohren für uns offen halten.

V-Leute, unter denen sich übrigens auch V-Frauen befinden, sind keine Mitarbeiter des Staates oder des Geheimdienstes. Es sind Menschen, die in einer Szene leben, die für den Geheimdienst interessant ist. Oder Kontakt zu unseren Zielpersonen haben. Oft sind es die Typen am Rand oder Mitläufer, die einen guten Zugang haben, die darüber berichten können, was im Geheimen gesprochen, geplant und unternommen wird. Sabine und ich interessierten uns in erster Linie für das Milieu der organisierten Kriminalität.

Sie dient vielen kleineren Ganoven als Unterschlupf. Wie Putzerfische wuseln sie im Milieu herum. Etwas zu wissen, am Puls des Geschehens zu sein, immer up to date, gehört für sie zur Existenzsicherung. Hier docken wir gerne an. Denn die Putzerfische sind auch sehr gerne gut informiert. Ein guter V-Mann benötigt allerdings weit mehr als eine gute Zugangslage. Er muss über ein feines Gespür für Menschen und Situationen verfügen.

V-Leute sind für den Geheimdienst unverzichtbar. Ihre Informationen sind oft wertvoller als die Resultate technischer Überwachungsmaßnahmen. Sie ermöglichen uns Einblicke in abgeschottet agierende Milieus, die ganz bewusst lügen, tarnen und täuschen, weil sie naturgemäß kein Interesse daran haben, dass ihre Ziele, ihre Vorgehensweisen und ihre Netzwerke bekannt werden. Dieser Blick hinter die Kulissen ist mit keinem Geld der Welt zu bezahlen.

Geld ist ohnehin nicht der Grund, warum ein V-Mann mit dem Geheimdienst zusammenarbeitet. Geld ist kein guter Motivator, jedenfalls nicht langfristig. In unserem Bereich gibt es weitere gute

Gründe, nicht aufs Geld zu setzen. Sobald ein V-Mann merkt, dass der Gehalt der Information, die er uns liefert, mit Geld aufgewogen wird, können wir einer Sache sicher sein: dass wir bei jedem Treffen tollere, spannendere Geschichten hören werden, immer angereichert mit Details, die wir auch tatsächlich überprüfen können. Jeder Name, jedes Autokennzeichen, jede Adresse und jede Telefonnummer, die der V-Mann liefert, wird in der Realität existieren. Aber die Beziehungen dazwischen, die Ideen in den Köpfen der Menschen, deren Verbindungen, Visionen und Ziele – ihnen werden wir nicht trauen können. Weil sie mit der Realität eventuell nicht mehr viel zu tun haben. Davon abgesehen würde immer auch der fade Beigeschmack zurückbleiben, für einen Verrat bezahlt worden zu sein. Da ist eine Rechnung offen, und die wird im Laufe der Zeit zu einem Problem.

So kann keine langfristige Zusammenarbeit wachsen, die aber unser Ziel ist. Auch darin unterscheidet sich der Geheimdienst von der Polizei. Die Polizei arbeitet vergleichsweise projektmäßig. Es gibt einen Fall, dazu wird ermittelt, und es werden offene und verdeckte Maßnahmen gefahren, Durchsuchungen, Zugriffe, Identitätsfeststellungen, Festnahmen; dann: Deckel zu, Affe tot, Fall erledigt.

Die Aufgabe der Geheimdienste ist es, Trends und Tendenzen zu erkennen. Immer zu wissen, wer wo mit wem welche Geschäfte macht. Das gelingt uns nur, wenn wir die richtigen Leute langfristig an den richtigen Stellen platzieren. Die Beziehungen zu V-Männern und V-Frauen sind auf lange Sicht angelegt, fünf bis acht Jahre sind keine Seltenheit. Das ist mit Geld allein nicht zu schaffen. V-Leute müssen anderweitig motiviert sein, mit uns zusammenzuarbeiten. Auch Druck, Erpressung oder rationale Argumente begeistern niemanden. Einen kleinen Ganoven an die Wand zu drängen und so lange Stress zu machen, bis er erzählt, wer die Aufträge erteilt, die Entscheidungen trifft und bei wem die kriminellen Gewinne zusammenfließen, bringt nichts. Nicht bei V-Leuten und erst recht nicht im normalen Leben. Oder würden Sie jemandem gern einen Gefallen tun, der Ihnen auf diese Tour kommt? Wohl kaum. Sobald ich auch nur versuchen würde, Druck auszuüben, würde mein Gegenüber genauso reagieren wie jeder von uns in dieser Situation: Er wüsste auf einmal gar nichts mehr, könnte sich an nichts erinnern. Er würde an plötzlicher Amnesie leiden und lediglich das bestätigen, was man ihm ohnehin leicht nachweisen kann.

Im Endeffekt haben wir als Agenten nur eine einzige Chance – die Beziehungsebene: Sie müssen Ihr Gegenüber dazu bringen, etwas für Sie zu tun. Für Sie ganz persönlich. Die Organisation, der Geheimdienst oder die Firma, das Netzwerk in Ihrem Rücken, wird die untergeordnete Rolle spielen. Fakt ist: Sie müssen Ihr Gegenüber dazu motivieren, dass es in Sie investiert. Das gelingt mit der größtmöglichen Menschenkenntnis – Ihrer Eintrittskarte auf die Erfolgsspur.

Tichow hatte damals erst gezögert, als ich ihm eine Zusammenarbeit anbot. Mittlerweile sah er, dass ihm unsere Verbindung auch nutzte, auf einer Ebene, die er nie für möglich gehalten hätte: der Beziehungsebene. Zugeben würde er das natürlich niemals. Sein Risiko war hoch. Und es würde noch höher werden. In der Organisation, für die er als Kurier tätig war, war ein Vakuum entstanden, wie wir eine solche Situation nennen: Bei einer Kontrolle der Polizei war ein führender Kopf abgefischt worden. Die Organisation war in Zugzwang geraten. Sie musste seine Funktion schnellstmöglich wieder besetzen, um die Geschäfte am Laufen zu halten. Wir sahen hier eine Chance, Tichow in diese Position zu bringen. Strategisch war alles vorbereitet, wir hatten den entscheidenden Informationsvorsprung, um Tichow zu platzieren. So würden wir in der Lage sein, noch tiefer in die Abgründe und noch höher in die Hierarchie zu blicken.

Nicht jeder V-Mann ist aus demselben Holz geschnitzt wie Tichow. Daran wurden Sabine und ich wieder einmal erinnert, als uns die Nachricht erreichte, dass Philipps Mann nicht wie geplant in dem Bus nach Istanbul saß.

»Er hat es sich wohl anders überlegt.« Philipp zuckte mit den Schultern.

Sabine spielte mit einem ihrer Pinnsticker. Das sah fast ein bisschen gefährlich aus. Aber sie sagte nichts.

Philipp schon. »Es ist wie beim letzten Mal, als wir einen Auftrag für ihn hatten und er dann auf einmal die Chance gesehen hat, einen fetten Fisch zu angeln.«

»In einem anderen Weiher«, erinnerte ich mich.

»Warum setzen wir noch mal auf diesen Loser?«, fragte Sabine und funkelte Philipp an.

»Vor sechs Monaten ist einer von euren Leuten untergetaucht und hat seitdem keinen Ton mehr hören lassen«, verteidigte Philipp sich schwach.

»Das kann man ja wohl nicht vergleichen«, erklärte Sabine kühl. »Erstens sehe ich hier keinen Zusammenhang. Zweitens hat unserer nicht um fünf vor zwölf eine zugesagte Mission platzen lassen.«

Ich wechselte einen Blick mit Sabine und nahm die Abkürzung: »Plan B.«

Sicher ist sicher: die Schüttelfahrt

München, Donnerstag, 23. September, 10:45 Uhr

Von dem Handy aus, das ich nur für Tichow nutzte, rief ich ihn an.

Er meldete sich mit »Ja.«

Das war unser Zeichen, dass er frei sprechen konnte. Hätte er sich mit dem russischen »Da« gemeldet, wäre er womöglich gerade in schlechter Gesellschaft gewesen. Wahrscheinlich genoss er den Aufenthalt dort. Da er das auch weiterhin tun wollte, beendete er das Gespräch dann stets schnell mit der Zusicherung, dass alles nach Plan lief.

»Wann können wir uns treffen?«, fragte ich ihn.

»Wegen mir sofort. Später kommen die anderen zu mir. Und dann kann ich den ganzen Abend nicht mehr weg.«

»Okay, dann sofort.«

Normalerweise würden wir uns an Orten treffen, die ich als ungefährlich einschätzte: Orte, die wir beide kannten und am Telefon so beschreiben konnten, dass sie für Außenstehende klangen wie böhmische Dörfer.

Doch die Zeit drängte.

»Bist du in der Stadt?«, fragte ich ihn.

»Im Auto unterwegs. Euroindustriepark.«

»Dann treffen wir uns auf dem Parkplatz vom Kare.«

»Wo?«

»Möbel. Design. Outlet.«

Er lachte.

»In fünfzehn Minuten bin ich da«, kündigte ich an und drückte den roten Knopf.

Ich schaffte es in vierzehn. Tichows tiefer gelegter dunkler Mercedes SLK stand bereits auf dem Parkplatz. Ich rief ihn an. »Fahr mir nach.«

Ein Abschöpftreffen außer der Reihe birgt besondere Risiken. Im kriminellen Milieu misstraut jeder jedem. Hier wird nicht nur mit Abschottungsmaßnahmen gearbeitet, die Klubmitglieder werden auch aktiv überprüft, kontrolliert, überwacht. So etwas konnte jederzeit passieren. Im Falle Tichows hatten wir bereits zweimal Verfolger abgeschüttelt – deshalb nennt man eine solche Fahrt auch Schüttelfahrt. Es hätte fatale Folgen für Tichow gehabt, wenn unsere Verbindung aufgeflogen wäre. Seine exponierte Stellung innerhalb der Russenmafia war für uns operativ nur mit sehr hohem Aufwand im Griff zu halten. Und diesen Aufwand wert.

Tichows Cabrio mit den Ledersitzen, nach denen seine Klamotten manchmal sogar durch den Zigarettenrauch schwach rochen, folgte meinem 3er-BMW. Hintereinander passierten wir eine Schleuse. So nennt man eine Kombination aus fahrerischen Manövern, anhand derer ich todsicher erkennen würde, ob uns jemand folgte. Per Freisprecheinrichtung hielt ich Kontakt mit Tichow und gab ihm Anweisungen, wann abbiegen, wann stoppen, wann weiterfahren. Er kannte dieses Spiel schon und hatte unsere Schüttelfahrten in der Vergangenheit um einige clevere Varianten ergänzt. Nach fünf Ecken und einigen anderen Winkelzügen war ich sicher, dass wir unter uns waren. »Bieg da vorne rechts ab und warte auf mich«, wies ich ihn an, während ich selbst nach links fuhr und zur Sicherheit eine weitere Runde drehte, immer mit einem Auge im Rückspiegel.

In dem Coffee-to-go-Shop an einer Kreuzung waren wir die einzigen Kunden. Ich bestellte zwei Espressi bei einer schlecht gelaunten, gut aussehenden Bedienung und fragte Tichow dann:

»Was machst du morgen?«

Er grinste die Brünette an. »Arbeiten, was sonst. Du weißt, bin ich ein fleißiger Mann.«

»Eben«, nickte ich. »Du solltest mal ausspannen.«

Fragend musterte er mich.

»Wie wär's mit einem Urlaub in der Türkei?«

»Türkei!« Tichow strahlte und erzählte mir von den Oben-ohne-Girls, die einen Kumpel von ihm im Club Robinson massiert hatten. »Die haben so Tricks, weißt du, die …«

»Das dürfte knapp werden«, unterbrach ich ihn.

»Wieso?«

»Dein Urlaub dauert nur einen halben Tag.«

»Dann ist es kein Urlaub.«

»Stell dich nicht so an. Es ist die Türkei. Du hast Sonne, du siehst das Meer. Es ist halt ein … Kurzurlaub.« Ich legte das Ticket auf den wackligen Stehtisch neben die Dose mit den Zuckerpäckchen.

Reflexartig griff Tichow danach. Ein gutes Zeichen. Natürlich hätte ich ihn besser gefragt, bevor ich gebucht hatte. Doch es war ein Schnäppchen gewesen. Bei meinen Recherchen war ich auf ein letztes 60-Euro-Ticket gestoßen und hatte es auf gut Glück auf seinen Namen gebucht. Bei unseren Operationen wird niemals auf Kosten der Sicherheit gespart. Aber in diesem Fall konnte ich nun großzügiger sein, was die restlichen Auslagen betraf, die ich Tichow erstatten würde. In unserem Business schlagen Ermittlungen im Bereich der organisierten Kriminalität mit allen dazugehörigen operativen Maßnahmen sonst mit ganz anderen Summen zu Buche.

Der Bundeshaushalt, genau wie jeder Landeshaushalt, hat ein Budget für seinen Geheimdienst, den sogenannten operativen Titel. Wenn die Kassen leer sind, kann nicht mehr ermittelt werden. Von KGB-Kollegen hört man heute noch die alten Geschichten aus der Zeit, als alle Agenten in ihren Büros blieben, weil nicht mal mehr Geld für Sprit in den Kassen war. Beste Voraussetzungen für Tichow und seinesgleichen! In Deutschland stellt sich die Lage entspannter dar. Seit dem 11. September erst recht: Es wird so viel Geld in die operativen Titel gepumpt, dass ein 60-Euro-Ticket für Tichow allemal drin war. Was ihm natürlich nicht standesgemäß erschien. Er rümpfte die Nase. »Economy!«

»Sei froh«, tröstete ich ihn, »ist ja auch dein Steuergeld.«

Natürlich wäre es cleverer gewesen, einen türkischen V-Mann auf die Reise zu schicken, der verstehen konnte, was im Bus gesprochen wurde, und die eine oder andere Information aus seinen Mitreisenden lockte. Normalerweise half mir in einem Bus voller Türken ein Russe nicht weiter. Doch Tichow war die einzige schnell verfügbare Option. Und er war meine Geheimwaffe. Er würde erkennen, was ablief, auch wenn er kein Wort türkisch sprach. Oder doch? Es war kaum vorstellbar, dass er nicht irgendwann einmal eine türkische Freundin gehabt hatte. Abgesehen davon: Es gab keinen Plan C.

Ich bestellte noch zwei Espressi und erklärte Tichow, worauf es mir ankam. »Du fliegst nach Istanbul. Nimmst dir am Flughafen ein Taxi nach Taksim. Da habe ich ein schickes Hotel für dich. Das erste Haus am Platz.« Ich zwinkerte ihm zu.

»Echt?«, fragte er zweifelnd.

»Von dort aus fährst du übermorgen mit dem Bus zurück nach München. Die Zeiten habe ich hier.« Ich schob ein Blatt Papier mit den ausgedruckten Verbindungen über den Tisch. »Mit dem Bus sollen Schleusungen im großen Stil laufen. Auf dieser Fahrt sollen mindestens neun Leute illegal nach Deutschland gebracht werden. Halt die Augen offen. Wie läuft es ab an den Grenzen? Wer wird nervös? Wer hat das Sagen? Wer gibt Anweisungen? Wer sind die Illegalen? Wissen die Busfahrer Bescheid? Wer steigt wo ein und aus? Was fällt dir auf? Achte auf alle Besonderheiten, vor allem an der Grenze bei Passkontrollen. Achte darauf, ob jemand sich aus dem Staub macht, bevor der Bus die deutsche Grenze passiert.«

»Und wo genau steige ich in den Bus?«, fragte Tichow, wie so oft zuerst einmal an einem Detail interessiert, logischerweise an seinem Startpunkt, von dem er sein Gesamtbild aufzuziehen beabsichtigte.

Ich bevorzugte einen Zeitraffer und deutete auf das Papier. »Du fährst mit Sarai.«

Er riss die Augen auf. »Bülent?«

Ich nickte. Ja, das gefiel mir auch nicht. Aber wie gesagt, wir hatten keine Wahl. Deshalb mussten wir Tichow offen im Bus platzieren. Ich reichte ihm ein Handy. »Du rufst jetzt Bülent an. Sagst ihm, dass du in der Türkei bist und keinen Flieger mehr kriegst. Frag ihn, wann der nächste seiner Busse zurückfährt. Sag ihm, dir ist es egal, ob der Bus voll ist oder nicht, du musst sofort zurück nach München. Sag, dir ist egal, wie er das macht. Verlang einen guten Preis. Und egal, was er sagt, reg dich auf, dass es zu teuer ist.« Ich wusste, dass Tichow solche Spielchen liebte. Da lief er zur Hochform auf. Grinsend griff er nach dem Handy.

Bülent lachte laut, als er hörte, dass Tichow in Istanbul festsaß. Auch ich konnte mir ein Grinsen nicht verkneifen. Tichows Auftritt war kinoreif. Als alles unter Dach und Fach war, raunte Bülent ins Telefon: »Mach bloß kein Scheiß! Wir sind letzte Woche kontrolliert worden von den Bullen!«

»Kennst mich doch«, erwiderte Tichow.

»Eben.«

»Hey Bülent! Chill mal!«

»Hast du alle Papiere, die du brauchst?«, wollte der wissen.

»Klar, oder was glaubst du, wie ich hierhergekommen bin?«

»Was bist du überhaupt? Russe? Oder Tscheche? Oder Pole?«
»Ich gebe dir gleich Pole! Ich komme aus Russland, habe aber einen deutschen Pass.«

Tichow sprach die Wahrheit. Er war damals als sogenannter Kontingentflüchtling nach Deutschland gekommen, hatte jüdischstämmige Vorfahren und aufgrund dieser Tatsache von Anfang an einen privilegierten Aufenthaltsstatus. Sein Einbürgerungsverfahren war etwas schneller über die Bühne gegangen als üblich – für mich eine willkommene Gelegenheit, Pluspunkte bei ihm zu sammeln.

»Also bist du sauber?«, vergewisserte Bülent sich noch einmal.

Selbstverständlich nannte er seine Sorgen nicht beim Namen. Niemals würde er Rauschgift, Drogen, Waffen oder sonst was am Telefon sagen. Zu groß ist in diesen Kreisen die Angst vor Überwachung. Auch unter Tichows Leuten waren die klassischen Sprachcodes üblich. Anstatt auf den Punkt zu kommen, wird vernebelt.

Da heißt es nicht: »Die Lkw-Ladung mit dem Heroin kommt wie besprochen heute Abend um 18:15 Uhr bei dir in der Mönkebergstraße 15 an. Schalte bitte die Hofbeleuchtung ab und warte am Hinterausgang. Der Fahrer Peter Müller meldet sich rechtzeitig bei dir. Herzlichen Dank für deine Bestellung.«

Sondern:

»Hey, alles klar?«

»Ja, alles klar, bei dir?«

»Auch. Und sonst so?«

»Du, wie immer.«

»Okay. Bis dann.«

»Bis dann.«

Es gibt keine Orte, keine Namen, keine Uhrzeiten. In der Theorie. In der Praxis unterläuft ab und an mal ein Fehler. Darauf warten wir. Das sind die Chancen, die wir nutzen. Durch unsere Überwachungsmaßnahmen, unsere Quellenmeldungen und unser Szenewissen können wir uns früher oder später doch erschließen, worum es geht.

Das Gespräch zwischen Tichow und Bülent hatte mir verraten, dass Bülent meinem V-Mann zutraute, etwas zu schmuggeln. Mir hatte Tichow schon länger nicht mehr von eigenen Deals – jenseits des Gesetzes – berichtet. Obwohl ich mir ziemlich sicher war, dass hier und da noch etwas lief. Das zeigte mir mal wieder, dass es Bereiche in Tichows Leben gab, über die ich zu wenig wusste. Früher oder später würde er wieder mit irgendeiner Überraschung bei mir ankommen. Spätestens, wenn die Hütte brannte.

AUS DEM AGENTENHANDBUCH

Rasterfahndung: alles beim Alten oder Hauptsache was Neues?

Wenn mich jemand nach einer Prognose für Philipp und Sabine gefragt hätte: Ich hätte abgeraten. Zu verschieden erschienen mir die beiden, und das lag vordringlich daran, dass Philipp so gleich ist. Und Sabine so anders.

Ich bin wie du, alles soll so bleiben, wie es ist

Manchen Menschen fällt automatisch meistens das Gleiche ins Auge. Sie nehmen die Welt und andere durch die Brille der Ähnlichkeit wahr. *Der denkt wie ich. So ein Handy hatte ich auch mal.* Menschen, die sich zum Gleichen hingezogen fühlen, mögen logischerweise keine Veränderung. Am wichtigsten sind ihnen Gemeinsamkeiten. Sie versäumen nichts, wenn sie Jahr für Jahr an denselben Urlaubsort fahren, denn: Was soll man lange herumexperimentieren, wenn man weiß, wo es einem gefällt. Außerdem vermisst der Mensch, der das Gleiche sucht, ja nichts. Er möchte keine Veränderung. Wieso sollte er sich darauf einlassen. Er kennt schließlich keine Langeweile. Trott ist ein Fremdwort für ihn.

Der Mensch, der vor allem das Gleiche hervorhebt, sucht bei jeder neuen Erfahrung zuerst einmal in der Vergangenheit nach Situationen, in denen es diesen Fall schon einmal gab. Damals habe ich es so gemacht – war das gut? Dann mache ich es jetzt genauso. Allein die Tatsache, dass der Fall schon einmal vorkam, beruhigt ihn. Wirklich gefährlich sind vor allem die Dinge, die man nicht kennt, für die man auf Anhieb kein passendes Puzzlestück findet.

Ein Mensch, der das Gleiche bevorzugt, fühlt sich wohl, wenn er andocken kann. Wenn etwas Unvorhergesehenes passiert, etwas Gravierendes verändert werden muss, kann er regelrecht in Panik verfallen.

Lachen Sie ihn nicht aus. Es ist dieselbe Panik, die einen Veränderungstypus überkommt, wenn er glaubt, vor Langeweile zu ersticken.

Wer sich im Gleichen wohlfühlt, vermeidet Veränderungen. Das kann so weit führen, dass er oder sie von der Umwelt als »stur« bezeichnet wird, als jemand, der immer denselben Stiefel fährt. Warum auch nicht, fragt der Gleichheitsorientierte. Wenn er mir doch passt!

Ich bin anders als du, nichts soll für immer so bleiben, wie es ist

Wer sich hier wohlfühlt, richtet seine Aufmerksamkeit auf den Unterschied. Das bedeutet nicht bloß Stiefel, sondern alle Arten von Schuhen, und das in einem häufigen Wechsel. Wer sich im Unterschied wohlfühlt, liebt Veränderungen. Egal, ob sie den Arbeitsplatz, Beziehungen, Essgewohnheiten betreffen. Warum nicht öfter mal was Neues ausprobieren? Bei manchen Vertretern dieses Musters wird die Suche nach dem Neuen fast zur Sucht. Sie blühen regelrecht auf, wenn sich etwas verändert, gerne auch gravierend. Das Leben ist viel zu kurz, um immer dasselbe zu machen, was der Abwechslungssucher »lebendig begraben« nennt. Dass andere ihn als sprunghaft, unstet, untreu bezeichnen, versteht er vielleicht gar nicht. Denn es ist doch klar, dass man etwas verändern muss, man will doch weiterkommen, oder? Und wie soll man weiterkommen, wenn man da bleibt, wo man ist?

Diese Frage könnte derjenige, der gern bleibt, womöglich gar nicht verstehen. Überhaupt verstehen sich diese beiden Typen nur schwer. Deshalb verstehen Sie jetzt vielleicht auch meine Prognose für Philipp und Sabine. Letztere ist jedoch kein reiner Unterschiedlichkeitstyp, sie kann schon auch mal gleichschalten. Als Spitzenagentin beherrscht sie ohnehin alle Tricks, die in unserem Metier nützlich sind.

Wenn Sie zwei Vertretern der oben beschriebenen Typen dieselbe Frage stellen: »Was hat sich im letzten Jahr verändert?«, wird ein Gleicher als Erstes aufzählen, was konstant geblieben ist. Ein Unterscheider wird mit den Veränderungen starten.

Angenommen, die beiden Befragten hätten identisch dieselben Konstanten und Abweichungen erlebt, so hätte doch der eine von ihnen vor allem die Veränderungen, der andere vor allem das Beständige wahrgenommen.

So viel zum Thema Objektivität.

Das gilt übrigens immer. Deshalb begegnen wir Agenten anderen Menschen stets respektvoll und auf Augenhöhe. Es gibt kein Richtig und kein Falsch in diesem Bereich. Wer wollte das auch beurteilen? Der Gleichheitsorientierte? Der Lupentyp? Der Macher oder Analyst? Der Weitwinkler oder der Unterschiedlichkeitstyp? Und Sie werden noch einige weitere auf Ihrer Mission kennenlernen!

Jeder Mensch hat seine eigenen Stärken, Schwächen, Macken, Vorlieben etc. Um von anderen akzeptiert zu werden, wie wir sind, gehen wir am besten mit gutem Beispiel voran und akzeptieren andere, wie sie sind.

Ein Gegensatzpaar unterhält sich:

»Jetzt ist ja wieder Spargelzeit.«

»Ich liebe Spargel.«

»Das nervt mich total, dass jetzt überall dauernd nur noch Spargel angeboten wird. Als gäbe es sonst nichts mehr zu essen.«

»Ja, ich bin manchmal auch genervt. Das ist ja ein regelrechter Terror.«

»Die Auswahl finde ich allerdings ganz gut. Es gibt ja alle möglichen Sorten. Hast du schon mal grünen Spargel probiert?«

»Nein, mir schmeckt der weiße am besten.«

In Gesprächen auf der persönlichen Ebene können sich Gleichheitsorientierte von Unterschiedsorientierten regelrecht geohrfeigt fühlen, die alle ihre Äußerungen scheinbar schroff zurückweisen. Das ist aber gar nicht so gemeint. Sie nehmen nur andere Dinge wahr. Sie sehen den Unterschied, wo andere die Gleichheit sehen. Es ist ein bisschen wie Farbenblindheit. Das wissen Agenten und reagieren niemals persönlich auf solche Unterschiede ... und Gleichmachereien! Je mehr Spielarten wir beherrschen, desto besser durchschauen wir andere.

Selbstverständlich gibt es nicht nur diese beiden Typen, sondern viele Mischformen. Manche Menschen suchen zuerst das Gemeinsame und widmen sich dann ausführlich den Unterschieden. Andere wollen erst die Unterschiede herausstellen, um dann nach Gemeinsamkeiten zu fahnden. Wichtig ist, dass Sie dieses Muster, das zu zahlreichen Missverständnissen führen kann, frühzeitig erkennen und darauf reagieren:

Wie möchte der »Alles-beim-Alten-Typ« behandelt werden?

Wenn eine Veränderung schon sein muss, machen Sie sie ihm schmackhaft. Nachfolgend einige Beispiele, wie Sie Ihr Wissen nutzen können.

Neues Auto? Womöglich sogar die Automarke wechseln? »Weißt du, im Grunde genommen hat jedes Auto vier Räder. Es geht darum, von A nach B zu kommen.«

Umziehen?

»Das hast du doch schon zweimal geschafft. Du wirst es bestimmt auch diesmal gut bewältigen!«

In den Urlaub an einen unbekannten Ort?

»Schau, es gibt dort auch Meer und Sonne – das kennst du doch.«

Streichen Sie Worte wie neu, revolutionär, noch nie da gewesen aus Ihren Sätzen. Sorgen Sie für die richtige Stimmung, indem Sie auf Gleichheit setzen:

Das erinnert mich an ... weißt du noch?
Das kommt mir bekannt vor.
Irgendwie läuft doch alles auf dasselbe hinaus
Das ist eine Wiederholung von ...
Es ist identisch mit ...
Die Qualität/der Service/die Machart ist ... gleichbleibend.
Wie immer.
Ja. Alles wie immer. Schöööööön!

Wie möchte der »Hauptsache-was-Neues-Typ« behandelt werden?

Am besten, Sie prägen sich folgenden Trick ein, wenn Sie mit Menschen zu tun haben, die die Verschiedenheit in den Vordergrund rücken: Wenn Sie sie zu einer bestimmten Aktion »überreden« wollen, sagen Sie nicht das, was Sie wollen, sondern das Gegenteil. Dann sollte nichts mehr schiefgehen.

Streichen Sie Worte wie bewährt, traditionell, schon immer.

Setzen Sie auf bahnbrechende Neuerungen, die ganz anders sind, radikale Weiterentwicklungen, die einmalige Veränderungen ermöglichen, die noch nie da gewesen sind.

Hauptsache immer alles anders. Schöööööön!

Wenn wir es anderen Menschen ermöglichen, ja vielleicht sogar gönnen, sich wohlzufühlen, und das tun sie, sobald sie in ihrem »Element« sind, öffnen sie sich für uns. Vertrauen entsteht: Die Voraussetzung für eine gute und somit erfolgreiche Beziehung, egal ob privat oder beruflich. Dieser Weg ist nur auf den ersten Blick beschwerlich. Wenn Sie bedenken, wie viel Zeit, Ärger und Nerven es sonst kostet, Missverständnisse aus dem Weg zu räumen, lohnt sich die Investition in die Menschenkenntnis allemal. So finden Sie frühzeitig heraus, wie Sie andere wohlgesinnt einstimmen. Der Rest, der läuft dann fast von alleine.

Agenten-Eignungstest

Wie gut kennen Sie sich?

Je besser Sie sich kennen, desto leichter fällt es Ihnen, andere zu durchschauen. Legen Sie eher Wert auf das Gleiche oder bevorzugen Sie die Abwechslung? Welches Muster oder welche Mischung dominiert? In welchen Situationen sind Ihnen Übereinstimmungen wichtiger? Bei welchen Themen bevorzugen Sie den Unterschied?

Auftrag für »Alles-beim-Alten-Agenten«:

1. Finden Sie jemanden in Ihrem Umfeld, der sich gern verändert. Umzüge, Klamotten, Frisuren, Freundeskreis, Jobs. Was auch immer. Begegnen Sie dieser Person aufgeschlossen und neutral, ohne Vorurteile. Üben Sie sich in einer Haltung auf Augenhöhe. Werten Sie nicht. Beobachten Sie, wie Sie sich dabei fühlen. Sie verleugnen sich nicht. Sie zeigen nur eine andere Facette Ihrer Persönlichkeit.
2. Spitzen Sie die Ohren, wenn Fremde sprechen. Auch in den Medien. Picken Sie die Personen heraus, die die Unterschiede betonen. Sobald jemand in einem Interview frei spricht, verrät er seine Denkweise.

Auftrag für »Hauptsache-was-Neues-Agenten«:

1. Finden Sie jemanden in Ihrem Umfeld, der sehr beständig lebt. Seit Jahrzehnten im selben Job, am selben Urlaubsort, im selben Verein und sonntags immer Mozart zum Frühstück hört. Begegnen Sie dieser Person aufgeschlossen und neutral, ohne Vorurteile. Üben Sie sich in einer Haltung auf Augenhöhe. Werten Sie nicht. Beobachten Sie, wie Sie sich dabei fühlen.
2. Spitzen Sie die Ohren, wenn Fremde sprechen. Auch in den Medien. Picken Sie die Personen heraus, die Gleiches betonen. Sobald jemand in einem Interview frei spricht, verrät er seine Denkweise.

Spezial-Mission:

Agenten beherrschen beide Methoden. Sie wissen, wo sie selbst stehen und erkennen, wo ihr Gegenüber steht. Dort holen sie ihn ab, anstatt darauf zu warten, dass sie abgeholt werden. So stellen sie sicher, dass es in die Richtung läuft, die sie ausgesucht haben.

TICHOW UNDERCOVER

München, Samstag, 25. September, 11:14 Uhr

Die erste SMS von Tichow lautete: *An Bord.*

Ich antwortete wie immer nur mit einem Punkt. Zur Kenntnis genommen.

Fünfzehn Minuten später erhielt ich die nächste Nachricht: *Verstehe kein Wort. Ist aber geil! Der Grieche hat Ouzo dabei. Von seiner Schwester. Fahre jetzt öfter nach Istanbul.*

Dreißig Minuten später ließ er mich wissen: *Frauen alle mit Umhang. Krass.*

Diese Meldung war mir drei Punkte wert.

Es folgte eine lange Pause. Schließlich meldete er: *Kurz vor erster Grenze.*

Es wurde immer spannender. Zur Unterstützung schickte ich Tichow einen weiteren Punkt.

Eine Stunde später piepste mein Handy die Erlösungsmelodie: *Treffer.*

Ich antwortete umgehend: *!?*

Vier Stunden später rief Tichow mich an. Seine Stimme klang leise. Ich verstand ihn kaum, lenkte meinen Wagen an den Straßenrand und stellte den Motor ab.

»Kannst du lauter sprechen?«, bat ich ihn. Ich konnte es kaum abwarten zu hören, was sich im Detail hinter dem Treffer verbarg.

Tichow konnte die Details auch nicht abwarten. »Türkei ist scheiße«, ließ er mich wissen. »Erst super. Super Essen. Geiles Wetter. Geile Nacht, hey. Jetzt total eng. Kriege keine Luft mehr. Scheißjob.«

»Komm zum Punkt.«

»Scheißbus. Spüre ich jede Feder im Rücken.«

»Du hast mein ganzes Mitgefühl – und jetzt zur Sache.«

»Beim Einsteigen zuerst alles war normal. Aber dann sind noch welche gekommen. Sechs Männer, zwei Frauen und ein Kind. Haben so viele Koffer, dass Busfahrer Anfall kriegt. Einer von den Leuten von Bülents Bruder hat denen noch etwas gegeben. Habe ich nicht genau gesehen, war hinter Scheibe im Büro. War dann aber genau so, wie du gesagt hast. Im Bus haben sie die Pässe rausgeholt und jede Seite angeschaut wie Koran. Ich habe so Schmerzen im Rücken. Wenn zu Hause, bin ich alter Mann.« Wie immer, wenn er müde war, hörte ich das an seinem Deutsch. Fehlender Schlaf verriet sich bei Tichow in fehlenden Artikeln. Sein Flieger war am gestrigen Spätnachmittag in Istanbul gelandet. Wie er die Zeit bis zur Busabfahrt verbracht hatte, konnte ich mir lebhaft vorstellen.

»Es sind ja nur noch knapp zwanzig Stunden«, tröstete ich ihn.

Plötzlich wurde unser Gespräch unterbrochen. Das musste nicht bedeuten, dass Tichow aufgeflogen war. Es konnte auch an der Leitung liegen. Ich war erleichtert, als er nach drei Minuten erneut anrief. Diesmal kam er gleich zur Sache: »An Grenze Polizei geht durch Bus. Sammelt Pass ein von jedem. Je näher die kommen, desto nervöser sind die mit den Koffern. Besonders die Frau mit dem Kind. Auf einmal ganz still und schnelle Blicke. Einer hat knallroten Kopf bekommen. Wie Laterne, weißt du, Laterne bei Nachtclub in Landsberger Straße.«

Das kommentierte ich nicht.

»Ist alles voll da hinten. Viele Taschen. Ich bin in Mitte. Ist besser für Gespräche von überall.«

»Ja, das machst du prima. Und?«

»Habe ich gedacht, jetzt steigen die aus. Pass muss falsch sein. Aber nix. Alles okay. Kommt Polizei zurück, gibt Pässe an Busfahrer. Fahren wir weiter.«

Den gleichen Spruch hörte ich in den nächsten Stunden noch zwei Mal: »Fahren wir weiter.«

Ich erinnerte mich an meine eigene Nervosität, als ich das erste Mal mit neuer Identität und neuem Pass in eine Undercover-Mission startete. Ich war sehr gut vorbereitet. Jede Situation, die irgendwie hätte brenzlig werden können, hatte ich bis zur Erschöpfung wieder und wieder durchgespielt. Und ich arbeitete mit Netz: Die Pässe, mit denen wir Agenten ausgestattet werden, sind echt und halten jeder Überprüfung stand. Wie nervös wäre ich wohl mit einem gefälschten Pass gewesen … Rote Laterne! Die Menschen, die illegal einreisen wollten, hatte niemand trainiert. Alles, was ihnen blieb, war die Hoffnung, irgendwie durchzukommen mit einem Pass, den irgendjemand gefälscht hatte, womöglich mehr schlecht als recht. Sie hatten ein Foto geliefert, bar bezahlt und dann das Dokument in der Hand gehalten, das sie in die politische oder wirtschaftliche Freiheit führen sollte. Dafür hatten sie vielleicht alles aufgegeben, alle Brücken abgebrochen. Wenn ihre Mission fehlschlug, drohte ihnen Gefängnis, Haft, Abschiebung. Was blieb ihnen im Moment anderes übrig, als darauf zu vertrauen, dass ihr Passfälscher ein Profi war. Ich freute mich darauf, diesem Künstler näherzukommen. Er musste sein Handwerk wirklich gut verstehen, so oft wie Sarai-Reisen die Tour fuhr. Aber nicht mehr lange!

Ich informierte den SGL über Tichows Beobachtungen. Ruhig hörte er sich meinen Bericht an, griff zum Telefon.

»Seid's sicher oder seid's genau so sicher wie beim letzten Mal?«, wollte der Einsatzleiter der Bundespolizei wissen.

»Ja glaubst, ich ruf an, weil mir das so viel Spaß macht?«, scherzte der SGL. »Wir haben wieder einen Bus. Und wieder eine aktuelle Quellenmeldung. Dieselben Informationen wie beim letzten Mal, diesmal von einer anderen Quelle. Der Informant ist ganz dicht dran.«

»Ihr habt's einen an Bord?«, ahnte der Einsatzleiter.

Der SGL schwieg. Niemals würden wir so etwas bestätigen; eine Quellenschutzmaßnahme, um Tichow und unsere Zusammenarbeit zu schützen. Jeder Mitwisser ist ein Risiko, auch die Polizei. Die Wahrscheinlichkeit, dass ein Geheimnis auffliegt, ist dem Quadrat der Anzahl der beteiligten Personen proportional, heißt es beim Geheimdienst. Auf Deutsch: Geheim bleibt nur, was du auch geheim hältst!

Der SGL brauchte fünf Minuten, um die letzten Zweifel des Einsatzleiters auszuräumen. Dann hatten wir grünes Licht.

Der zweite Zugriff

Der Einsatzleiter schlug vor, den Bus direkt an der Grenze nach Österreich zu kontrollieren, weil dort rund um die Uhr ausreichend Mitarbeiter und die perfekte Logistik zur Verfügung standen: Sämtliche technischen Möglichkeiten, um auch hoch professionellen Passfälschungen auf die Spur zu kommen. Hafträume, Hundeführer, alles vor Ort.

Nicht nur Tichow bekam wenig Schlaf in dieser Nacht, wie er nicht müde wurde, mir zu simsen. Ab vier Uhr morgens verfolgte ich seine Reisebewegungen auf meinem Laptop. Die Geokoordinaten seines Handys zeigten uns, wo sich der Bus bewegte, wo er stoppte und wie lange er dort hielt.

Trotz der frühen Stunde war ich bester Stimmung, alles lief nach Plan und reibungsloser als erwartet. Die Informationen eines V-Mannes können unterschiedlichste Qualität haben. Von garantiert gelogen über wahrscheinlich wahr bis hin zu bestätigt, weil überprüft. Das macht die Arbeit und den Umgang mit Quellenmeldungen so anspruchsvoll. Oft haben V-Männer ihre Informationen von Dritten oder Vierten. Teilweise bewerten sie Sachverhalte, ohne zu merken, dass sie die objektive Faktenlage längst verlassen haben und intuitiv interpretieren. Wir vergessen niemals, dass wir ständig mit sehr weichen Daten umgehen, die gründlich überprüft werden müssen; jede einzelne Information von jedem einzelnen V-Mann einzeln für sich. Natürlich spielt bei der ersten Bewertung immer auch die Berichtsehrlichkeit der Quelle in der Vergangenheit eine Rolle. Auch diesbezüglich tickt jeder V-Mann anders. Der eine berichtet sofort über jeden möglichen Verdacht, der sich in weiter Ferne vielleicht schemenhaft abzeichnen könnte. Der andere vermeidet bewusst Gerüchte und berichtet erst, wenn etwas konkret wird. Beides ist okay, wenn man weiß, woran man ist. Tichow genoss bei mir einen gewissen Vertrauensvorschuss. Auch er lag gelegentlich daneben mit einer geäußerten Vermutung, doch unter dem Strich stimmte die Summe. Tichow erzählte keine Geschichten, um sich zu profilieren oder beliebt zu machen. Eher verschwieg er hier und da ein Detail, um seine eigenen kleinen Geschäfte und Kontakte nicht zu stören. Im Moment hatte ich noch keine Ahnung, wie groß oder klein der Fall Tasse letztlich werden würde, ob es zum Abheben reichen könnte. Doch eins war sicher: Bei Sarai-Reisen wurde geschleust, und zwar regelmäßig. Vielleicht sogar im ganz großen Stil. So viele übereinstimmende Meldungen hatten wir nicht allzu oft in unserem Job.

Tichow, mit Federn im Rücken, wusste nichts von dem bevorstehenden Zugriff. Ahnen konnte er es vielleicht, gewarnt hatte ich ihn nicht. Noch nicht. Da er immer wieder seine eigenen kleinen Dinger drehte und Recht und Gesetz teilweise nach seinen persönlichen, eher großzügigen Maßstäben auslebte, konnte ich ihn nicht sehenden Auges ins offene Messer rennen lassen. Ich musste immer damit rechnen, dass er ein paar Gramm Gras oder Haschisch oder Ähnliches im Gepäck hatte, trotz Bülents Warnung und obwohl er wusste, dass ich nicht sein Freibrief für alle krummen Dinger war. Seine Lebensversicherung manchmal schon eher.

»Bist du okay!?«, fragte ich per SMS, als der Bus Österreich erreichte. Tichow wusste genau, wie das gemeint war. *Okay!?* war das Codewort für *bist du sauber?*. Wenn ich wissen wollte, wie es ihm geht, hätte ich »Wie geht es dir?« geschrieben.

»Fast«, antwortete er.

»Schlecht ;-)«, schrieb ich und setzte nach: »Du hast noch sechzig Minuten …«

»Stress macht krank«, war seine Antwort
»Wo sitzen die jetzt?«, erkundigte ich mich.
»Vorletzte Reihe und davor«, kam prompt zurück.

So schwammig dieser SMS-Wechsel für einen Außenstehenden klingen mochte, für Tichow und mich war er deutlich genug. Dass trotz unserer Codes jede SMS sofort nach dem Lesen zu löschen war, musste ich bei Tichow nicht betonen. Das gehört zum operativen Standard und zum ersten Briefing jedes V-Mannes. Die meisten halten sich daran. Tichow garantiert. Er hatte vermutlich weniger Befürchtungen bezüglich Fragen seiner kriminellen Kollegen. Bei seinen zahlreichen eifersüchtigen Affären könnte er nur allzu leicht in falschen Verdacht und somit Erklärungsnot geraten. Ein Profi löst das Problem im Vorfeld mit der Löschtaste.

Über den SGL gab ich die genauen Koordinaten unserer Zielpersonen an die Bundespolizei weiter: »Vorletzte Reihe und die Reihe davor.« Und dann wartete ich eine gefühlte Ewigkeit.

»Wie sieht's aus?«, fragte mich der SGL, als er um halb elf in mein Büro kam.

»Läuft«, antwortete ich.

Es beunruhigte mich nicht, dass der Zugriff so lange dauerte, im Gegenteil. Womöglich waren es mehr als sieben oder neun illegal Einreisende? Ein ganzer Bus voll? Ich täuschte mich.

»Wieder nix«, meldete der Einsatzleiter um 12:08 Uhr telefonisch. An seiner Stimme hörte ich, dass er grantig war.

»Wie, nix?«

»Nix wie nix. Alles in Ordnung. Wir haben jeden Pass und jedes Papier einzeln unter die Lupe genommen. Wir haben den Bus von oben bis unten auseinandergenommen. Die Hunde haben auch nichts gefunden. Nicht mal ein Brösel Drogen. Alles, was wir haben, ist ein ausgestopfter Schädel von einem Wasserbüffel. Der unterliegt dem Artenschutzgesetz. Den schenk ich dir, kannst ihn dir ins Büro hängen.«

»Hm«, machte ich. Es gibt Situationen, die möchte man lieber nicht erleben. Ich verstand die Welt nicht mehr.

»Jetzt ruft's fei nimmer an!«

»Nein, erst mal nicht. Und danke für die Unterstützung.«

Ein *Gern geschehen* blieb aus.

Vier Wochen

Die Besprechung am nächsten Tag war für neun Uhr angesetzt. Ich verspürte keine große Lust hinzugehen, denn ich wusste genau, was mich erwarten würde. Es würde leider weniger nach Lösungsansätzen für die weiteren Ermittlungen gesucht werden, als nach einem Schuldigen. Wer trug die Verantwortung für diese Blamage? Warum lag kein anderes Ergebnis vor? Wer hatte den Sachverhalt falsch bewertet? Sabine und ich standen hier an vorderster Front, auch wenn der SGL seinen Schutzschild über uns breitete. Er gehörte ebenfalls zu den Schuldigen. Schließlich hatte er uns machen lassen. In den Augen des AL fachliche Fehleinschätzung – oder Führungsschwäche?

Mit dem Status als Sündenbock konnte ich in diesem Fall gut leben. Es war etwas anderes, was mich umtrieb. Nach wie vor war ich davon überzeugt, dass der Fall Tasse eine große Sache war. In der Besprechung würde ich darum kämpfen, dass der Fall nicht noch einmal als unbestätigter Anfangsverdacht zu den Akten kam. Ich bereitete mich auf meine Art vor. Sachlich gab es wenig Neues. Sabine und ich hatten alles lückenlos dokumentiert. Interessanter waren im Moment die Motive der an der Besprechung Beteiligten. Warum spürten wir so starken Gegenwind? Das war doch sonst nicht üblich. Wer wollte den Fall Tasse loswerden? Wem war er ein Dorn im Auge? Natürlich dem AL, unserem Abteilungsleiter! Er wippte auf dem Sprungbrett zu einer Stelle mit B3-Besoldung im Ministerium. Wurde der Gegenwind aus dieser Richtung angefacht? Roter Teppich statt Stolperfallen? Höher, schneller, besser, weiter … mit diesen Attributen hatte er sich schon in die Position des AL gespielt. *No risk no fun* war das, was er nie ausgesprochen hätte, uns in seinen Anfangsjahren als AL jedoch hin und wieder vorgelebt hatte. Was beim Geheimdienst nicht schadet, wenn man seinen Job gut machen will, ist im Ministerium wohl nur bedingt gefragt. Irgendein Gefühl sagte mir, dass sein penetrantes Beschwören der hundertprozentigen Aufklärungsquote in den letzten Monaten davon motiviert war. Sonst hätte er unsere Erfolgsquote früher schon einmal stärker in den Vordergrund gerückt. Die beiden Einsätze der Polizei ohne Resultat kamen für ihn einer Niederlage gleich. Ich war sicher, der AL würde nun eine Vermeidungsstrategie fahren. Finger weg von Fällen, die nix bringen. Lieber mal eine Weile ausschließlich positive Meldungen ins Ministerium schwappen lassen. Kein Risiko eingehen, schon gar nicht mit der B3 in Aussicht. Vielleicht würde er in seiner Kritik deshalb auch so deutlich darauf dringen, dass es hier nur um die Sache gehe. Damit beruhigte er sich selbst, beziehungsweise würde auszuschließen versuchen, dass wir gewisse Gedanken hegten. Fragte sich nur, welche Sache er meinte. Den Fall Tasse oder die B3?

Ersterer musste eliminiert werden, ehe sich schwarze Flecke auf der blütenweißen Statistik zeigten. Was gegen uns spielte, war einzig und allein der Faktor Zeit. Stünde B3 nicht unmittelbar vor seiner Tür, sondern erst in einem Jahr, hätte er vielleicht längeren Atem bewiesen. Nun würde er volle Konzentration auf den Abschluss der Fälle Marende und Merw fordern. Klar, hier würden wir fette Ernte einfahren, und es konnte nicht nur der AL punkten. VP und P freuten sich vielleicht schon auf die Schnittchen beim Empfang des Ministers: »Hervorragende Arbeit, meine Herren.«

»Gute Arbeit sieht anders aus«, eröffnete der AL die Runde.

Sabine und ich wussten, was nun kommen würde und hörten dennoch aufmerksam zu. Es ist ein Fehler, in Besprechungen abzuschalten. Wer genau hinhört, entdeckt meistens die Motive der

Redner. Ich halte es nicht für verwerflich, wenn Menschen ihre Ziele erreichen wollen. Das möchte doch jeder! Aber es ist verwerflich, wenn Agenten ihren Winkelzügen nicht auf die Schliche kommen, wo sie es uns doch meistens recht einfach machen, manche Geheimnisse werden geradezu auf dem Silbertablett präsentiert. Auch Beziehungen zu anderen Menschen sind häufig getarnte Winkelzüge.

Wir halten keine Beziehung aufrecht, die uns nicht nutzt. Dieser Nutzen muss nicht immer materiell, er kann auch emotionaler Natur sein. Wie zum Beispiel bei Verbindungen, in denen wir uns oft beschweren: Immer muss ich dies und jenes für ihn tun. Warum beenden wir die Beziehung nicht? Vielleicht weil wir uns in einer Abhängigkeit befinden? Vielleicht liegt der Nutzen aber auch darin, dass wir uns gebraucht fühlen, um nur ein Beispiel zu nennen. Wenn man das einmal erkannt hat, spart man sich das Jammern. Außer man jammert gern. Auch das gibt es. Bringt nur keinem etwas. Aber wehe, Sie unterbrechen so jemanden und lassen ihn nicht ausjammern! Agenten wissen, dass es sich nicht auszahlt, sich über Dinge zu beschweren, die sie nicht ändern können. Sie sind in der Lage, Abhängigkeiten und Realitäten zu erkennen und klar einzuordnen. Deshalb bündeln sie ihre Energie für die Belange, die sie ändern können, bei denen sich ihr Einsatz lohnt. Selbstverständlich legen sie die Hürden dabei nie zu tief. Aber eben auch nicht zu hoch. Erfolgreiche Agenten überschätzen und unterschätzen sich nicht. Und sie fordern stets das Maximum von sich selbst. So werden die Hürden, die sie überwinden, automatisch höher.

Zu Beginn gibt es immer einen sehr guten Grund, für den wir ganz bewusst in eine Beziehung investieren, und wenn es nur ist: Ich bin neu in der Stadt und suche Anschluss. Wenn Sie oder Ihr Unternehmen networken oder sich in Netzwerken aufhalten, hat das denselben Grund: ein Investment, damit die Beziehung schon da ist, wenn sie gebraucht wird.

Auch das bloße Sich-wohlfühlen-Wollen kann ein Nutzen sein. Natürlich wäre eine absolut bedingungslose und vorbehaltlose Beziehung die schönste und höchste Stufe, die reinste Form sozusagen. Doch realistisch ist diese Vorstellung nicht. Im Berufsleben am wenigsten. Ob und inwieweit eine Beziehung vorbehaltlos war, zeigt sich oft erst sehr spät: Wenn der Grund für die Beziehung wegfällt. Ob Sie alles richtig gemacht haben, erkennen Sie daran, dass die Beziehung dann immer noch da ist.

In der Besprechung, die pünktlich um neun Uhr begann, bat der SGL mich, die Lage zu erörtern. Vor der Tür zum abhörsicheren Besprechungsraum hatte er Sabine und mir noch einen seiner Lieblingssprüche mit auf den Weg gegeben: Der Ober sticht den Unter.

Ich ergriff das Wort. »Wir können uns momentan nicht erklären, warum die Kontrollen kein Ergebnis gebracht haben. Wir haben eine überdurchschnittlich gute Zugangslage und gleichlautende Hinweise aus unterschiedlichen Quellen. Der Gegner scheint in diesem Fall einfach besser aufgestellt zu sein, als wir dachten. Aber das muss nicht so bleiben. Wir müssen noch dichter ran. Alles, was wir brauchen, ist noch ein bisschen Zeit.«

Der AL schüttelte den Kopf.

»Sabine?«, fragte der SGL.

»Ich teile Leos Einschätzung voll und ganz.«

Der AL hob die Hände zum Himmel. »Wir haben nichts als leere Hände, und das nach zwei Razzien, und Sie reden, als stünden wir kurz vor einem Durchbruch!«

»Geben Sie uns acht Wochen Zeit, um zu beweisen, dass wir richtigliegen«, bat ich ihn.

Der AL schnappte nach Luft.

»Stellen Sie sich vor, was das für ein Erfolg wäre«, lockte ich ihn. »Wenn wir die Jungs knacken, obwohl die Polizei schon zweimal drüber war.« Ich machte eine Pause und ließ den Satz wirken. »Sollten wir es in acht Wochen nicht geschafft haben, dann machen wir den Deckel drauf, ohne weitere Diskussion.«

»Wann ein Fall geschlossen wird, bestimme immer noch ich!«

»Meine Mitarbeiter machen einen guten Job«, sprang uns der SGL bei.

»Man muss auch bedenken«, schaltete Sabine sich ein, »dass wir bei der Polizei im Moment nicht gut dastehen. Wenn wir diese Schlappe nicht aus dem Weg räumen, können wir uns noch lange dieselben Sprüche anhören und uns dafür rechtfertigen.«

»Hm«, machte der AL.

»Hm«, nickte auch der SGL.

»Also gut«, sagte der AL barsch. »Aber keine Alleingänge. Alles, was nach außen geht, wird mit mir abgestimmt. Ich gebe Ihnen vier Wochen.«

Sabine und ich wechselten einen Blick. Vier Wochen.

Dann können wir es gleich lassen, las ich die Enttäuschung in ihren Augen. Niemand wusste besser als Sabine, wie viel Zeit wir benötigen würden. Verdeckte Ermittlungen werden nicht mit der Brechstange geführt, sondern mit sanfteren Methoden. Und die brauchen Zeit, um ihre durchschlagende Wirkung zu entfalten.

»Sechs«, sagte ich.

»Raus«, beendete der AL die Besprechung.

AUS DEM AGENTENHANDBUCH

Dealmaker und Realmaker

Die Stärke des einen besteht darin, den Abschluss zu machen und den Deal zu holen, die des anderen darin, ihn dann umzusetzen und somit Realität werden zu lassen. Und das ist nicht nur im Joballtag so, sondern auch im Privatleben. Die eine will schnell buchen, die andere fragt sich, wie man den Urlaub organisieren soll, wenn doch die Handwerker im Haus sind. Die beiden Positionen Dealmaker und Realmaker stehen sich hierbei oft im Weg.

Der Dealmaker ist häufig ein Macher, er will den Deal schneller, besser, weiter. Er will die Unterschrift, um sich oder dem Unternehmen das Ding zu sichern. Und er bekommt sie. Vorauszuschauen und vorauszuplanen ist ihm dabei nicht so wichtig. Dass es bei der Umsetzung kleine Konflikte, Herausforderungen und Reibereien geben wird, ist ihm eh klar. Das liegt für ihn in der Natur der Sache und ist Teil des Lebens. Kein Grund, sich darüber aufzuregen, kein Grund, das in den Fokus der Aufmerksamkeit zu stellen und deshalb erst recht kein Grund, ein einziges Wort darüber zu verlieren. Er kümmert sich um die Felle, bevor sie wegschwimmen. Er sichert zu und verspricht, was ihm aus seiner Perspektive betrachtet vertretbar erscheint.

Der Realmaker ist oft ein Analyst, ihm geht es darum, umzusetzen, was ausgehandelt oder versprochen wurde. Er schaut voraus und erkennt die Herausforderungen in der Praxis. Um Konflikte und Schwierigkeiten zu vermeiden, bringt er alle auch nur möglicherweise Beteiligten an einen Tisch und versucht, Lösungen zu finden, lange bevor Probleme entstehen können. Er möchte kein Detail versprechen, das er später nicht in jedem noch so kleinen Detail halten kann.

Die beiden Positionen des Dealmakers und Realmakers sind nicht betoniert. Je nach Kontext nehmen wir mal die eine, mal die andere Haltung ein. Im Job sind wir jedoch häufig festgelegt, entweder als derjenige, der das Projekt an Land ziehen oder den Vertrag abschließen soll, oder als derjenige, der genau dieses Projekt durchführen oder genau diesen Vertrag umsetzen soll. Diese beiden Positionen vertragen sich naturgemäß nicht. Während der Dealmaker schnell abschließen möchte, will der Realmaker wissen, worauf er sich einlässt, schließlich muss er alles Verabredete in seiner Umsetzung »ausbaden«. Solche »Verzögerungen« gefallen dem Dealmaker gar nicht, der seinen Abschluss gefährdet sieht. Und diese »Hektik« passt dem Realmaker nicht, der seine Umsetzung gefährdet sieht.

Abgesehen von der Notwendigkeit, im Beruf die eine oder andere Position zu vertreten: Wie schätzen Sie sich selbst in Ihrem Privatleben ein? Sind Sie eher der Deal- oder der Realmaker? Und wenn Sie noch einen Schritt weitergehen: Wie sieht es in Ihrem Familienleben aus? Sind hier alle Positionen zielführend besetzt? Wer verhandelt mit dem Makler und wer sorgt dafür, dass die Übergabe der alten Wohnung reibungslos klappt? Sie sparen viel Zeit und Energie, wenn Sie Dealmaker dealen und Realmaker handeln lassen! Das dürfte nun kein Problem mehr für Sie darstellen, da Sie diese beiden Positionen mittlerweile gut durchschauen können. Und sicher finden Sie die richtigen Wege und Worte, ihnen ihre Aufgabe schmackhaft zu machen!

Kleine Reibereien sind vorprogrammiert, aber sehenden Auges eingegangen, nur noch halb so wild. Wenn bei Ihren Projekten die Balance zwischen Dealmaker und Realmaker nicht stimmt, können Sie den Dealmaker vielleicht verpflichten, auch für die Umsetzung verantwortlich zu zeichnen. Das wirkt oft Wunder!

Der AL gestand uns vier Wochen zu. Wir wussten, dass das zu kurz war. Wir wussten aber auch, dass wir keine zweite Chance bekommen würden. Also machten wir das Beste draus, denn: Der Ober sticht den Unter.

Jeder von uns ist sich selbst das Wichtigste in seinem Leben. Das merken wir spätestens, wenn wir Zahnschmerzen oder einfach nur Hunger oder Durst haben. Es gehört zum lebenslangen Lernen, sich immer wieder zu vergegenwärtigen, dass andere anders ticken. Auch das merkt man verblüffenderweise bei Hunger, Durst und Zahnschmerzen: Andere haben das nämlich nicht unbedingt, wenn wir drunter leiden. Wieso sollten sie sich also in anderen Situationen wie wir verhalten?

Gut, bei Paaren gibt es eine Art psychosomatische Solidarität. Da werden nicht nur Freuden, sondern auch Befindlichkeiten geteilt.

Agenten beharren niemals auf ihrem Standpunkt. Es geht nicht darum, recht zu haben, sondern ein Ziel zu erreichen. Deshalb halten sie sich jederzeit Möglichkeiten offen. Manchmal ist es zielführend, den eigenen Standpunkt komplett zu verlassen und so gut wie möglich in einen anderen Menschen hineinzuschlüpfen, um seine Motive zu erkennen.

Die Frage lautet nicht: Was täte ich, wenn ich er wäre?

Die Frage lautet: Was mache ich als er? Was fühle ich, was erlebe ich als er, was denke ich, was ist mir wichtig, wovor habe ich Angst?

Wenn Sie sich diese Fragen beantworten können, wenn Sie sie erfühlen, erspüren, erleben, wenn Sie den Mut haben, Ihren eigenen Standpunkt so weit zu verlassen, dass Sie ihn vielleicht nur noch als kleinen Punkt am Horizont wahrnehmen … dann sind Sie drin in dieser anderen Persönlichkeit. Sie durchschauen sie nicht nur von außen, sondern von innen.

Jetzt erkennen Sie, was den anderen an- und umtreibt. Und können darauf reagieren.

Den eigenen Standpunkt zu verlassen, um sich in den anderen hineinzuversetzen, heißt nicht, das Fähnchen nach dem Wind zu drehen. Wenn Sie nicht bloß Ihren eigenen Standpunkt kennen, sondern eben auch den des anderen, dann wissen Sie, wie Sie den anderen motivieren, damit Sie einen guten Kompromiss für beide Seiten finden können. Sollte es den nicht geben, wissen Sie, dass es Zeit ist zu gehen. So verschwenden Sie keine Ressourcen. Sie kennen die Argumente der Gegenseite aus dem Effeff. Sie waren die Gegenseite. Deshalb gibt es auch keinen Grund zu jammern oder sich ohnmächtig zu fühlen. Das bringt nichts. Es gibt keine einzig wahre Realität. Es gibt kein Gut und Böse, kein Richtig und Falsch, das für alle gleichermaßen gilt. Es gibt lediglich ein: Passt hier und jetzt zu mir. Oder eben nicht. Und dann heißt es, eine Entscheidung zu fällen. Bevor andere diese Entscheidung für Sie treffen!

Es bedeutet eine Abkürzung, sich in andere hineinzuversetzen, anstatt zu versuchen, sie dazu zu bringen, sich in uns hineinzuversetzen. Was ohnehin nicht funktioniert.

Wir haben noch einige Fälle zu lösen – also nehmen Sie den kürzeren Weg!

Agenten-Eignungstest

1. Denken Sie an eine Person, mit der Sie einen Konflikt haben oder hatten, und wenden Sie Ihr Agentenwissen an, um zu dieser Person zu werden, sie zu sein.

2. Überprüfen Sie Ihre Beziehungen und wagen Sie den Blick auf den Nutzen, der sich darin verbirgt. Was bringt Ihnen die eine, was die andere Beziehung? Vergessen Sie nicht, dass auch Sie für die anderen einen Nutzen bringen. Das ist kein Grund, sich zu beschweren – so lauten die Spielregeln!

DIE KONTAKTWOHNUNG

»Er kann doch nicht im Ernst glauben, dass wir so einen Fall in vier Wochen lösen!« Sabine ärgerte sich über den AL.

»Die Sache verspricht ihm zu wenig Aussicht auf schnellen Erfolg. Und er hat Angst vor Negativschlagzeilen, die bis dahin entstehen könnten«, mutmaßte ich.

»Ja, weil er andere Dinge im Kopf hat«, stimmte Sabine zu. »Ich sage bloß Transportgewerbe.«

Es dauerte zwei, drei Augenblicke, ehe ich die Abbiegung zur B3 fand. Dann erwiderte ich: »Wir werden beschleunigen und ihm zeigen, was an der Sache dran ist. Wir müssen möglichst schnell etwas finden, womit er sich bei P sehen lassen kann. Danach haben wir alle Zeit der Welt.«

»Alle Zeit der Welt?«, wiederholte Sabine und fing an zu lachen. Es hörte sich fast ein wenig verzweifelt an. Vier Wochen waren die Hölle.

Ein oder zwei weitere Informanten aus dem Umfeld von Sarai-Reisen wären perfekt gewesen. Doch sie quasi über Nacht anzuwerben und aufzubauen war unmöglich. Ein solcher Prozess, beginnend beim Tipp, der gründlichen Überprüfung, über den ersten Kontakt, die Ansprache, die Kultivierungsphase, bis hin zur fruchtbaren Zusammenarbeit, dauert Wochen und Monate. Zudem sind Kandidaten mit dem Potenzial zum V-Mann rar gesät. Wer selbst zu tief mit drinsteckt oder wer zu hoch in der Hierarchie steht, scheidet aus. Sonst müsste sich der Geheimdienst später den Vorwurf gefallen lassen, die kriminelle Organisation selbst zu steuern oder, schlimmer noch, zu finanzieren. Schlechte Karten für ein angestrebtes Strafverfahren. Auch all diejenigen, deren egoistische oder ideologische Motive zu stark ausgeprägt sind, scheiden aus. Sie wären nicht führbar, würden vielleicht im Einzelfall verwertbare Informationen liefern, aber immer nur dann, wenn sie sich dadurch einen konkreten Vorteil erarbeiten. So würden wir den Bock zum Gärtner machen. Selbst wenn der unwahrscheinliche Fall einträte und wir in der Kürze der Zeit einen passenden Kandidaten gefunden hätten, müsste er in der Lage sein, für uns weit hinter die Kulissen zu blicken. Das schaffen nur wenige. Und wenn es einer kann, ist es in der Regel nicht sein erster Gedanke, für den Geheimdienst zu arbeiten. Sein innigster Wunsch schon gar nicht. Ihn dazu zu bringen, es trotzdem zu tun, klappt nicht von heute auf morgen. Informationen fließen erst, wenn er weiß, woran er bei uns ist. Wenn er gelernt hat, uns zu vertrauen. Erst dann fließen 08/15-Informationen, später 007-Informationen. Tichow war schneller, aber er war auch ein Spezialfall.

Sabine und ich schnürten ein Maßnahmenbündel, um die fehlende Zeit so gut wie möglich zu kompensieren. Wir würden alles auffahren, was operativ möglich war: gezielte Steuerung der bestehenden V-Männer, dichter ran an Bülent & Co., breit angelegte Observationsmaßnahmen und Verdichtung der vorhandenen Informationen durch umfangreiche Auswertung aller verfügbaren Quellen – notfalls nachts und an den Wochenenden, die in unserem Job ohnehin nur auf dem Papier existieren. Für eine Telefonüberwachung fehlten noch die rechtlichen Voraussetzungen. Wir durften zwar einiges, aber eben nicht alles, solange stichhaltige Beweise fehlten.

Dienstag, 28. September, Tag eins unserer vier Wochen, kurz vor Feierabend

Sabine pinnte ein Foto des AL an die Wand.

Fragend schaute ich sie an.

»Das motiviert mich«, gestand sie mir.

Die Stecknadel war exakt in der Mitte zwischen den Augen des AL platziert. Sicher nur ein Zufall.

Sabine bemerkte meinen Blick. »Das dritte Auge«, ließ sie mich wissen. »Mehr sehen, als zu sehen ist.«

»Du oder er?«, fragte ich.

»Wir«, sagte sie.

Nachdenklich nickte ich.

»Wir brauchen eine KW«, sprach Sabine aus, was ich dachte.

KW ist die gebräuchliche Abkürzung für Kontaktwohnung – eine konspirative Wohnung, vom Geheimdienst unter Legende angemietet, um dort Quellen zu treffen, Material zu übergeben, Einsätze zu steuern oder Zielobjekte zu beobachten. Im Bereich südöstlich des Münchner Hauptbahnhofes, wo sich das Büro von Sarai-Reisen befand, konnten wir unmöglich observieren. In der Landwehrstraße, der Schwanthaler Straße und den angrenzenden kleinen Nebenstraßen wohnen und arbeiten überwiegend Südländer aus dem Balkan sowie der Türkei. Das Treiben dort erinnert an das Leben in diesen Regionen. Türkische Gemüsehändler neben traditionellem Fast Food, neben Import-Export, neben arabischem Callshop, neben Gebetsraum, neben Sarai-Reisebüro, neben Zockerbude, neben Teehaus, neben Balkan-Shop, neben Badehaus. Das bunte Leben findet auf der Straße und auf den Plätzen statt. Bei fast jedem Wetter. Ein geschäftiges, entspanntes Multikulti. Jeder kennt jeden. Als Westler sticht man zwar nicht sofort heraus, aber man ist eher die Ausnahme als die Regel. Und als Westler, der minutenlang eine Zigarette anzündet oder in Schaufenster starrt oder gar in einem geparkten Wagen wartet und dabei etwas zu beobachten scheint, ist man innerhalb von Minuten Tagesgespräch. Ganz schlechte Voraussetzungen für eine klassische Observation. Hier muss man sich etwas mehr einfallen lassen, um nicht aufzufallen. Das kennen wir übrigens nicht bloß aus solchen Gegenden, sondern auch aus ländlichen Gebieten. Dörfer haben Augen und Ohren für alles, was nicht dorthin gehört und deshalb verdächtig ist. Um dennoch nah ranzukommen, bleibt in solchen Fällen oft nur die Möglichkeit, eine Kontaktwohnung anzumieten. In städtischen Bereichen hat man häufig Glück und findet zum Beispiel ein Hotelzimmer mit Blick aufs Zielobjekt. Das ist am einfachsten und unauffälligsten. Schräg gegenüber von Sarai-Reisen gab es ein in die Jahre gekommenes Ein-Sterne-Hotel. Wofür der Stern stand, war mir schleierhaft. An der Ausstattung konnte er jedenfalls nicht hängen. Die routinemäßige Abklärung des Inhabers ergab, dass er der Cousin von Bülents Schwager war. Die komfortable Variante schied also aus. Hierzu gehören ebenfalls leer stehende Wohnungen oder Büros. Auch solche Objekte werden gern von uns bezogen. Doch sie existierten nicht im Umfeld von Sarai-Reisen.

Einen Döner in der Hand erkundete ich die Gegend. Die beste Sicht auf Sarai hatten die Bewohner im Haus gegenüber. Ein Blick auf das Klingelschild verriet, dass es auch hier nicht ganz einfach werden könnte, eine Kontaktwohnung zu beschaffen: Dobokan, Bulut, Gögetap, Nastri, Zlaty, Kazmierczak, Özobar. Höchst wahrscheinlich waren die Mieter gut miteinander vernetzt – als Auswanderer in einem fremden Land. Ein direkter Kontakt zu Bülent konnte nicht ausgeschlossen werden. Es war keine Option, uns bei einem seiner Leute einzumieten.

Im Hauptquartier schaute ich mir die zwei einzigen einheimischen Namen auf dem Klingelschild genauer an: Kindshuber und Mühlthaler. So wie mir die anderen Namen ihre Herkunft verraten hatten, tippte ich hier auf alteingesessene Münchner, was natürlich keinen vorbehaltlosen Vertrauensvorschuss bedeutete. Die EWO-Datenbank, die elektronische Datei der Einwohnermeldebehörde, offenbarte mir nach einem kurzen Mausklick, dass sich hinter dem Namen Kindshuber ein René, geboren 1978 in Vaterstetten, verbarg. Mit einem weiteren Klick wechselte ich in den Kriminalaktenbestand der Polizei. Dort hatte Kindshuber schon des Öfteren arbeiten lassen: mehrfache Betäubungsmitteldelikte, Fahrerflucht, vier Betrugsfälle, zweimal beim Schlägern erwischt. Schade. Blieb noch Mühlthaler. Ich tippte den Namen und bekam das Ergebnis: Theresia, geboren 1935 in München. Obwohl ich nicht annahm, dass Frau Mühlthaler zu unseren Kunden gehörte, überprüfte ich sie. Kein Eintrag. Weil ich gerade dabei war, schaute ich mir auch die anderen zweiundzwanzig Hausbewohner an. Zwei weitere waren polizeibekannt.

Theresia Mühlthalers Weste war blütenrein. Das sprach für ihre Integrität. Allerdings hatten wir so gut wie keine Informationen über sie. Wer war diese ältere Dame? Verheiratet, alleinstehend, verwitwet? Fit oder gebrechlich? »Rüstig oder rostig?«, hatte das bei meiner Großmutter geheißen. War Theresia Mühlthaler mit ihren fünfundsiebzig Jahren belastbar genug, um uns bei einer geheimen Mission zu unterstützen? Würde sie überhaupt verstehen, was wir von ihr wollten?

Ich studierte den Gebäudeplan mit den Grundrissen. Keine der Wohnungen lag optimal. Von der mäßigen Auswahl war die von Theresia Mühlthaler noch am besten. Kein frontaler, aber doch ein seitlicher Blick auf die Eingangstür und die Schaufensterfront des Reisebüros. Nein, das gefiel mir alles nicht. Aber hatten wir eine Wahl?

»Und wenn das jetzt eine rechte Ratschkattl ist«, befürchtete Sabine, »die kein Geheimnis für sich behalten kann und nichts Besseres zu tun hat, als alles im Treppenhaus herauszuposaunen: Bei mir gehn's ein und aus, die vom Geheimdienst.«

Wie immer, wenn Sabine versuchte, bayerisch zu sprechen, musste ich grinsen.

»Wir schauen sie uns trotzdem mal an«, sagte ich.

»Vielleicht ist es gar nicht schlecht, dass die so alt ist. Da kannst 'nen Pflegeschein machen und den Zivi spielen«, witzelte Sabine.

Damit hatte sie gar nicht so unrecht. Das hohe Alter der Dame brachte auch Vorteile mit sich. Schließlich würden wir allerhand technisches Equipment in ihre Wohnung bringen müssen und uns mehrmals täglich dort blicken lassen. Da wäre die Legende Pflegedienst glaubhaft. Die beste Methode, eine geheime Mission geheim zu halten, ist es, dafür zu sorgen, dass andere gar nicht auf die Idee kommen, es gäbe eine geheime Mission. »Ich rufe mal den Bergmann an«, ließ ich Sabine wissen.

»Gute Idee.« Sie nickte.

Unser Kollege Bergmann war ein Phänomen. Er hatte in den vergangenen Jahren jede Wohnung für uns erjagt, die wir haben wollten. Und nicht nur für unsere Einheit. Man sagte über ihn, er hätte noch niemals seinen Dienstausweis vorgezeigt. Bergmann kam überall rein. Wie er das machte? Das wusste keiner. Wenn man ihn fragte, schmunzelte er nur und sagte Sachen wie: »Kümmer du dich um dein Zeug, ich mich um meines.« Schweigend genoss er die Aura des Geheimnisvollen. Ja, auch ich hätte nur allzu gern gewusst, wie er das immer wieder schaffte. Es klingelt, und da steht ein fremder Mann vor der Tür und sagt: »Wir wollen in Ihre Wohnung. Für ein paar Wochen. Dazu benötigen wir einen Schlüssel und die Möbel müssen weg. Wir brauchen Platz.«

Sicher, diese Untermiete wird bezahlt, pünktlich, aber nicht fürstlich. Trotzdem bedeutete es eine erhebliche Einschränkung für die Bewohner. Aber Bergmann überzeugte sie alle. Er war mein Mann.

Ich rief ihn an und schilderte kurz, worum es ging.

»Pressiert's?«, fragte er.

»Sehr«, sagte ich.

»Dann geht's nicht«, sagte er. »Ich bin hier zwei Wochen in eine Mission eingebunden und komm nicht raus. Bin auch nur noch eine Stunde erreichbar. Du hast Glück, dass du mich überhaupt erwischst.«

»Nein, Pech«, korrigierte ich und fragte nach einer Alternative: »Wer kann es machen, wenn nicht du?«

Bergmann zögerte. Dann sagte er: »Schau in den Spiegel.«

Vorfreude stieg in mir hoch. Jetzt würde er mir seinen Trick verraten und mich in die Methoden einweihen, die ihn zur Legende gemacht hatten. »Und wie?«

»Auf deine Art«, sagte er. »Du schaffst das«, und legte auf.

Als ich Sabine von dem Gespräch erzählte, weihte sie mich in ein Geheimnis ein. Auf der Jubiläumsfeier vom VP hatte Bergmann nach einigen Bieren offengelegt: »Wisst ihr, warum ich in fünfunddreißig Jahren beim Dienst kein einziges Mal meine Legitimation gezeigt habe?«

»Weil du Geheimagent bist!«, hatte einer von den Kollegen gerufen und damit schallendes Lachen ausgelöst.

»Weil ich mich in Grund und Boden geschämt hätte, das zu sagen und dann unseren Plastik-Dienstausweis vorzuzeigen, der ausschaut wie die Kundenkarte einer Apotheke.«

Die Mieterin

Zwei Stunden später drückte ich die Klingel mit dem Namen Mühlthaler und legte mein Ohr an die Sprechanlage, denn es war sehr laut an der Straße. Die Stimme, die mir ins Ohr brüllte, übertönte alles. Selbst die quietschenden Straßenbahnschienen.

»Weg da, ich kauf nix!«

»Das trifft sich gut. Ich hab nix zu verkaufen.«

Schweigen. Ich war nicht sicher, ob Frau Mühlthaler mich verstanden hatte, und wiederholte meine beiden Sätze lauter.

»Sie brauchen nicht zu schreien.«

»Ja.«

»Was wollen Sie dann?«

»Zwei Minuten von Ihrer Zeit. Innenministerium.«

Dies war der Moment, in dem ich begann, meine eigene Methode zu entwickeln. Es dauerte eine Minute, bis Frau Mühlthaler den Türöffner betätigte – ohne zu wissen, worum es ging.

An den Briefkästen im Erdgeschoss klebten handgeschriebene Namensschilder, drei Kinderwagen machten den Weg zur Treppe zum Hindernislauf. Irgendwo bellte ein Hund, Maschinengewehrsalven feuerten aus einem Fernseher. Ein junger Mann mit Handy am Ohr und einem Pfund Pomade im schwarzen Haar begegnete mir am ersten Treppenabsatz, nickte mir freundlich zu. Im Treppenhaus roch es nach internationaler Küche. Erster Stock würzig, zweiter Stock deftig, dritter Stock Duftreis. Noch ein Stockwerk Zeit, eine Strategie zu entwickeln für diesen Fall, den ich mir auf der Anfahrt anders ausgemalt hatte. Soviel ich bislang von Frau Mühlthaler wusste, würde sie es mir nicht leicht machen. Aber einfach war diese Mission ohnehin nicht.

Was ich von ihr wollte, war viel verlangt. Sehr viel. Für viele vermutlich zu viel.

Was? Aus meiner Wohnung heraus wollen Sie ein kriminelles Nest ausheben? Drogenbosse? Waffenhändler? Plutoniumschmuggel? Rockerbanden? Menschenhändler? Eine Einsatzzentrale einrichten? Bei mir? Überwachungsanlagen installieren? Rund um die Uhr besetzen? Mit Straßenschuhen durch mein Wohnzimmer? Und wenn was kaputtgeht? Was ist mit meiner Privatsphäre? Wo wohne ich so lang? Was werden die Nachbarn denken? Und was ist, wenn die Mörder und Verbrecher davon Wind kriegen? Wenn die mir die Scheiben einwerfen? Auszug? Umzug? Zeugenschutzprogramm? Bin ich in Gefahr? Wie sieht meine Zukunft aus? Unter falschem Namen auf einer fernen Insel leben? Wo soll ich mir da meine *Hörzu* kaufen? Einen alten Baum verpflanzt man nicht!

Ich klingelte im vierten Stock, sofort öffnete sich die Tür und krachte in die Sperrkette. Als Erstes sah ich zwei wache Augen in einem rundlichen Gesicht. Die ganze Frau war rundlich und klein. Graue Haare, Dutt, beige-blaue Schürze mit Blumenmuster.

Ich stellte mich vor. »Mein Name ist Martin, Leo Martin. Ich komme vom Innenministerium.« Als Mitarbeiter des Innenministeriums trat ich immer dann auf, wenn ich Unterstützung von außen brauchte. Für solche Fälle hatte ich auch eine Apotheken-Kundenkarte.

»Sie wollen den Strom ablesen?«

»Nein.«

»Stromableser lass' ich auch nicht rein. Das mache ich nämlich schriftlich. Und meine Enkel kenne ich. Also, wenn ich welche hätte. Ich habe aber keine. Deshalb können Sie auch keiner sein.«

»Also, ich kenne meine Oma auch«, sagte ich. »Und Sie sind das nicht. Meine Oma wäre nämlich nicht so misstrauisch wie Sie. Und ich wäre froh, wenn sie da ein bisschen was von Ihnen hätte.«

»Ich bin nicht misstrauisch, sondern vorsichtig«, korrigierte Frau Mühlthaler.

»Das finde ich gut«, bestätigte ich sie.

»Und von welchem Ministerium kommen Sie jetzt?«

»Vom Innenministerium.«

»Das kann jeder behaupten.«

Ich griff in meine rechte Gesäßtasche. »Ich zeige Ihnen meinen Dienstausweis.«

»Den können's stecken lassen. Des hamma gleich.«

Sie reichte mir einen Zettel und einen Stift unter der Kette durch: »Name und Adresse von dem Ministerium.«

Ich notierte.

Sie nahm den Zettel und schloss die Tür.

Ich setzte mich auf eine Stufe und grinste. Lustig, die alte Dame. Zum ersten Mal gefiel mir dieser Fall richtig gut. Durch die geschlossene Tür hörte ich dumpf, wie sie die Auskunft anrief: »Mühlthaler, Theresia, bitte, ich brauche eine Nummer aus München, von dem, Achtung, Stahats-mini-sterhi-uhum des Inneren.« Es dauerte eine Weile, dann wiederholte sie jede der Ziffern einzeln. Ich nickte sie alle ab. Im Anschluss rief sie dort an und bekam die Auskunft, dass ich keine Halluzination war, kein falscher Enkel, sondern echt. Auf den Treppenstufen vor ihrer Wohnung. Frau Mühlthaler hatte ihre Sinne beieinander. Nach einigen Sekunden öffnete sich die Tür ohne Sperrkette, und die alte Dame bat mich herein.

»Sie gehen auf Nummer sicher, das gefällt mir«, nickte ich anerkennend.

»Hier geht man nicht mit Straßenschuhen rein.«

»Okay.«

Frau Mühlthaler wartete, bis ich meine Schuhe ausgezogen hatte, zog eine Plastiktüte unter einem Garderobenschränkchen hervor und stellte sie darauf. Obwohl sie ziemlich dick war, bewegte sie sich flink und geschmeidig.

»Bitte«, bat sie mich weiterzugehen.

Ich scannte die Räume, in denen es übelkeitserregend nach Duftspray roch. In jedem Raum anders. Das olfaktorische System des Treppenhauses wiederholte sich hier. Duftzonen waren markiert. Gang, links das Wohnzimmer, geradeaus die Küche, kleines Bad, eine geschlossene Tür, vermutlich das Schlafzimmer. Im Wohnzimmer war ich mit vier schnellen Schritten am Fenster und schaute hinunter zu Sarai-Reisen. Der Winkel war besser als erwartet. Doch, das würde gehen. Gut sogar.

Frau Mühlthaler stellte sich neben mich und öffnete das Fenster. Sie trug einen Ehering.

»Ganz schön laut hier«, sagte ich.

»Ich schlafe hinten raus.«

»Sie fragen sich wahrscheinlich …«, begann ich.

»Kaffee?«

Nein, ich wollte jetzt keinen Kaffee. Gerade hatte ich zwei Tassen mit Sabine getrunken, während wir Ist- und Soll-Maßnahmen abglichen.

Trotzdem antwortete ich: »Gerne.«

»Ich komme gleich wieder«, sagte Frau Mühlthaler und ließ mich im Wohnzimmer allein. Eiche rustikal, schwere Teppiche, getäfelte Holzdecke, dicke braune Vorhänge, alles sehr ordentlich und sauber. In dem Wohnzimmer hatte sich in den letzten fünfzig Jahren – so lange lebte Frau Mühlthaler in diesem Haus – wohl nur wenig verändert. Auf einer Kommode einige Fotos in beschlagenen Messingrahmen. Frau Mühlthaler im Brautkleid, mit geflochtenen Perlen im geschmücktem Haarzopf bis zur Taille, ihr Mann auf einem Motorrad, die beiden in einer Gondel; Venedig in den Sechzigern, letztes Jahrtausend.

»Erich ist jetzt zwanzig Jahre tot.« Ich hatte sie gar nicht gehört. Der Teppich schluckte alles. »Zucker und Milch?«

»Schwarz bitte.«

Und schon war sie wieder in der Küche.

Ich überlegte, wie wir unser Equipment hier unterbringen konnten, vorausgesetzt Frau Mühlthaler würde zustimmen. Sie würde auf ein Drittel ihres Wohnzimmers verzichten müssen. Auf zwei Meter Wohnfläche vor dem Fenster – und das auf der gesamten Breite. Die Blumentreppe und der Ohrensessel mussten weg. Der Schrank stand zum Glück nicht direkt am Fenster. Es wäre machbar ohne großes Möbelrücken. Wir würden den Raum vor dem Fenster mit einer schwarzen Wand abdunkeln. Dazu würden wir zwei oder drei Stative zwischen Boden und Decke spannen an Quertraversen einen schwarzen Moltonvorhang aufhängen und damit die Wohnung von außen uneinsehbar wäre. Sonst würde man die Stative mit den Kameras, die Flightcases mit den Rekordern, Kabeltrommel und diverse andere Technik sehen, wenn abends im Raum das Licht angeschaltet war.

»Der Kaffee ist fertig«, meldete Frau Mühlthaler und deckte den Tisch im Wohnzimmer. Es gab nicht nur Kaffee, sondern auch Kekse, Prinzenrolle. Fünf Stück, auf großem Gedeck. Geschirr mit Blumenmotiven, blauer Enzian auf weißem Grund, vermutlich älter als ich. Frau Mühlthaler brachte den Kaffee, rückte umständlich die Teller zurecht, dann goss sie ein, trug die Kanne zurück in die Küche auf die Warmhalteplatte der Maschine.

»Machen Sie bitte zum Kaffeetrinken das Fenster zu«, bat sie mich.

Ich schloss es.

»Bitte setzen Sie sich.«

Ich nahm Platz.

»Bitte greifen Sie zu.«

Ich nahm einen Keks. Eine innere Stimme riet mir, nichts zu übereilen, die Abläufe zu befolgen, die Frau Mühlthaler vorgab. War das die Bergmann'sche Methode? Nachdem die alte Dame zwei Kekse verspeist und die Krümel, die sie auf dem Teller hinterlassen hatte, mit angefeuchtetem Zeigefinger aufgepickt und abgeschleckt hatte, wollte sie endlich wissen: »Worum geht es?«

In Sekundenbruchteilen entschied ich mich für die pathetische Variante. »Um unser Land«, sagte ich.

»So etwas habe ich schon vermutet«, erstaunte mich Frau Mühlthaler.

»Wir brauchen Ihre Hilfe.«

Frau Mühlthaler wirkte irritiert und geschmeichelt zugleich.

Ich fuhr fort. »Von Ihrer Wohnung aus hat man gute Sicht auf ein Objekt, für das wir uns interessieren.«

»Sarai-Reisen«, kam es wie aus der Pistole geschossen.

»Wieso glauben Sie das?«

»Sonst ist ja im Haus gegenüber nichts. Nur die Büroräume von der Versicherung. Oder ist da ein Überfall geplant?« Neugierig schaute sie mich an.

»Ich kann Ihnen keine Details erzählen. Bloß so viel: Wir haben einen schlimmen Verdacht in einem Kriminalfall. Um die Verdachtsmomente zu bestätigen oder auszuschließen, müssen wir eine versteckte Videoüberwachungsanlage installieren. Dafür kommt nur Ihre Wohnung in Betracht. Konkret brauchen wir den Platz vor dem Fenster«, ich deutete darauf. »Da würden wir unsere Technik aufstellen.«

»Wie lange dauert das insgesamt?«

»Maximal vier Wochen«, sagte ich. Frau Mühlthaler schluckte und schwieg. In anderen Fällen hätte ich den Zeitraum nicht so präzise benennen können. »Jeden Tag wird jemand vorbeischauen, die Daten sichern und die Bänder wechseln. Wenn es hart auf hart kommt, müssten wir hier zeitweise eine Einsatzzentrale einrichten und unsere Observationsmaßnahmen von hier aus steuern.«

»Wie soll ich mir das vorstellen?«

Ich erklärte Frau Mühlthaler, was sie bestimmt schon einmal im Fernsehen gesehen hatte. »Der Fall ist sehr sensibel. Wir müssen unsere Zielperson so lange es geht beobachten und dürfen dabei auf keinen Fall Verdacht erregen. Das geht nur von einer sicheren Basis aus. Und nur mit direkter Sicht auf das Zielobjekt. Wir müssen alles wissen. Jeder Mensch und jedes Fahrzeug, das mit unserer Zielperson im Kontakt tritt, ist für uns wichtig. Wir können unsere Observationsfahrzeuge nicht vor seiner Tür parken. Wir überwachen von hier aus und steuern die Kollegen auf der Straße, ohne dass diese direkt auf Sicht stehen müssen.«

Frau Mühlthaler trank ihren Kaffee in kleinen Schlucken. Sie dachte nach. Ich unterbrach sie nicht dabei. Schließlich sagte sie: »Ich überlege es mir.«

Das gefiel mir nicht. Ich wollte ein klares Ergebnis, und das sagte ich ihr auch.

»Junger Mann, ich habe mir vor etwa einem halben Jahrhundert abgewöhnt, wichtige Entscheidungen ad hoc zu treffen. Ich schlafe eine Nacht lang darüber.«

Ich merkte, dass ich kaum eine Chance hatte, und versuchte es trotzdem. Frau Mühlthaler unterbrach mich. »Ich lasse mich nicht drängeln. Ich brauche Bedenkzeit.« Sie schmunzelte. »Und die werden Sie mir wohl oder übel zugestehen müssen. Es ist meine Wohnung. Als ich hier eingezogen bin mit meinem Erich, da waren ausschließlich Deutsche im Haus. Dann sind die ersten Gastarbeiter gekommen, damals aus Italien. So nette Leute waren das, die haben uns nach Venedig eingeladen. Und dann sind die Türken und die Griechen und die Araber gekommen. Ich habe sehr viele verschiedene Kulturen kennengelernt. Und Speisen. So ein Haus wie dieses ist quasi wie Dauerurlaub. Man ist ja überall gleichzeitig. Aber ich muss sagen, dass es mir in den letzten Jahren nicht mehr gefällt. Ständig wechseln die Mieter. Mit einigen kann ich mich kaum verständigen. Renoviert wird auch nichts mehr. Nein, die guten Zeiten sind vorbei. Aber ich werde nicht mehr umziehen. Wenn ich hier rausgehe, dann nur liegend und mit den Füßen voraus. Noch Kaffee?«

»Nein danke.«

»Was ich damit sagen will: Sie sind auf mich angewiesen. Sie brauchen eine zuverlässige Person, der man so etwas nicht zutraut. Eine alte Frau, auf die niemand schaut. Ich bin Ihre Idealbesetzung, und deshalb werden Sie meine Bedenkzeit akzeptieren.«

Puff, das saß. Ich nickte anerkennend und ein klein bisschen verdutzt.

Da blinzelte mir die alte Dame zu. »So viel kann ich Ihnen heute schon verraten: Ihre Karten stehen nicht schlecht.«

»Frau Mühlthaler, das freut mich. Aber selbst wenn Sie sich dagegen entscheiden: Ich bin nie bei Ihnen gewesen.«

»Und wenn ich mich dafür entscheide?«

»Dann war ich erst recht nie da.«

Sie lachte auf. »Verstehe. Und was sage ich, wenn mich andere fragen, warum ich so oft Besuch habe?«

»Sie haben doch Familie in Rosenheim.«

»Das habe ich Ihnen nicht erzählt.«

»Wir lassen uns da was einfallen. Vielleicht bin ich Ihr Zivi?«, grinste ich sie an.

»So was brauch ich nicht …«, sie zögerte. »Obwohl. Vielleicht fühle ich mich jetzt doch auf einmal ein bisschen hilfsbedürftig. Die Wasser- und Saftflaschen sind schon sehr beschwerlich hochzutragen.«

»Ab morgen könnten Sie auf uns zählen«, lockte ich die alte Dame. »Ich ruf Sie um neun an, passt das?«

»Um neun nicht. Um fünf nach neun. Nach den Nachrichten.«

»In Ordnung«, sagte ich und begriff erst im Treppenhaus, dass sie damit das Radio gemeint hatte.

AUS DEM AGENTENHANDBUCH

Schema F oder Schema Flex?

Schema F

Trotz ihres unkonventionellen Auftretens handelte Frau Mühlthaler strikt nach ihrem Schema F. Dass ich dies schnell erkannt hatte, erleichterte die Verhandlungen ungemein. Hätte ich Schema F unterbrochen, würde ich womöglich heute noch an dem Tisch mit der Wachstuchdecke sitzen. Einen Schema-F-ler unterbricht man nicht ungestraft. Er gerät sonst völlig aus seinem Konzept, und das kann sehr zeitintensiv werden.

Fragen Sie einen Schema-F-ler nicht, warum er etwas so macht, wie er es macht. Er wird es Ihnen nicht beantworten können. Womöglich versteht er die Frage gar nicht.

»Weil ich es immer so mache.«

Das muss Ihnen doch genügen. Tut es nicht? Dann wird der Schema-F-ler vielleicht etwas erfinden, warum es angeblich besser ist, etwas so und nicht anders zu machen. Das glaubt er vielleicht auch selbst. Im Grunde genommen interessiert ihn das aber nicht. Die Regel ist ganz einfach: Es wird so gemacht, wie es immer gemacht wird. Dafür gibt es genug gute Gründe. Bei Frau Mühlthaler: erst der Kaffee, dann zwei Kekse, vorher das Fenster schließen, dann das Gespräch. Und natürlich: eine Nacht drüber schlafen. Wie schon seit 50 Jahren. Das hatte sich bewährt, dabei blieb sie. Was nicht bedeutete, dass die alte Dame prinzipiell unflexibel wäre. Das Gegenteil hatte sie eindrucksvoll bewiesen. Ein Schema-F-Typ kann durchaus auch ein Risiko eingehen. Aber was er macht, die Aufgaben, die er erfüllt, die Abläufe, die er bewältigt, das alles geschieht nach Schema F. Und zwar nur nach Schema F. Nicht nach Schema G oder H oder gar X.

Genau das bringt den Schema-Flex-Typ fast um den Verstand. Der bekommt nahezu Erstickungszustände, wenn er immer alles auf die gleiche Art und Weise machen soll. Er braucht Abwechslung, öfter mal was Neues in der Art, wie er seinen Alltag bewältigt. Nein, er möchte nicht jeden Tag zuerst eine Marmeladen- und dann eine Honigsemmel frühstücken. Er möchte vielleicht mal eine Käsebreze dazwischen. Undenkbar für den Schema-F-ler.

Was am Frühstückstisch noch mit Humor genommen werden kann, ist nicht mehr lustig, wenn es um die Eignung für und Erfüllung von komplexen Aufgaben geht. Besteht ein Team unglücklicherweise aus einem Gegensatzpaar, sind, wenn auch nicht Mord und Totschlag, so doch Missvergnügen und Frust an der Tagesordnung.

Schema F geht stets Schritt für Schritt vor. Erst A, dann B. Es ist ihm unmöglich, mit B oder gar C zu beginnen. Erst A, dann B … oder gar nicht. Prima, wenn der Pilot, der uns nach New York fliegt, nach Schema F handelt und seine Checkliste Punkt für Punkt abarbeitet. Es wäre wohl kein so gutes Gefühl, wenn er beschließen würde, heute das erste Drittel der Checkliste ausfallen zu lassen oder mal ohne Abrufen des Wetterberichts zu starten. Und wieso muss die Route über London führen? Malmö ist doch auch ganz nett. Insofern kann man nur hoffen, dass der Pilot und sein Kapitän Schema-F-Typen sind, denen das, was sie machen müssen, weil es berufliche Notwendigkeit ist, typmäßig entspricht. Es gibt sehr viele Tätigkeitsfelder, in denen solche Menschen gut aufgehoben sind. Sie können mit klaren Anweisungen umgehen, ohne dagegen zu rebellieren. Sie möchten nicht freigestellt bekommen, wie sie etwas tun – um Himmelswillen, einen Lösungsweg finden! –, sie möchten wissen, was von ihnen erwartet wird, und feste Verfahrensabläufe vorgegeben bekommen, an denen sie sich orientieren. Kochrezepte und Bedienungsanleitungen werden fraglos befolgt und keinesfalls improvisiert. Wenn sie selbst diese Abläufe erst finden müssen und sie sich als gut erwiesen haben, halten sie daran fest. Wieso etwas Neues ausprobieren – getreu dem Motto: *Never touch a running system*.

Ein Schema-F-ler hat keine Probleme mit festen Regeln. Er muss sie nicht brechen, sie erleichtern ihm die Orientierung. Der Schema-F-Typ glaubt daran, dass es einen einzigen richtigen Weg gibt. Wenn er den kennt, bleibt er ihm treu.

Das Problem bei diesem Typus ist, dass nichts schiefgehen darf. Denn wenn etwas nicht so funktioniert wie immer, hat er kaum Spielraum, das auszugleichen, einen Plan B zu entwickeln. Er gerät schnell in eine Sackgasse, wenn es keine Anweisung oder Checkliste mehr zu befolgen gibt, und ist extrem stressanfällig. Aber was er beginnt, das bringt er auch zu Ende. Darauf kann man sich verlassen. Denn das gehört zum Schema F. Anfang und Ende.

Schema Flex

Unbegrenzte Möglichkeiten und neue Ideen üben eine faszinierende Anziehung auf diesen Menschentypus aus. Die Chance, Regeln zu brechen oder zu beugen ist für ihn höchst verlockend, geradezu unwiderstehlich. Er hält sich gern so viele Optionen wie möglich offen. Es könnte ja sein, dass ihn die Lust auf dieses oder jenes überkommt. Deshalb ködert man ihn, wenn man ihm von Möglichkeiten erzählt: Wenn Sie dieses Modell kaufen, können Sie unbegrenzt aufrüsten. So mag Schema Flex es. Ein solcher Typ liebt es, wenn er selbstbestimmt entscheiden kann, wie er sein Ziel erreichen möchte. Vorschreiben lässt er sich nur ungern etwas. Das kann von Vorteil für seine Chefin sein – weil dieser Mitarbeiter kreative Lösungen findet – oder von Nachteil: wenn er sich in seinen kreativen Ansätzen verzettelt. Schema-Flex-Typen interessieren sich vorrangig dafür, ihr Ziel zu erreichen. Wie sie dorthin kommen, entscheiden sie oft ziemlich kreativ. Eine Bedienungsanleitung lesen sie nur in Ausnahmefällen. Lieber mal herumprobieren. Das Problem: Manches Herumprobieren vereitelt die Zielerreichung.

Muss ein Schema-Flex-Typ deshalb auch ein Macher sein?

Vielleicht erinnern Sie sich an mein Beispiel mit der Bedienungsanleitung aus dem Kapitel Macher, Kontakter, Analysten. Nein, er muss es nicht. Er kann alles Mögliche sein. Welche Typisierung Sie für Ihre Menschenkenntnis einsetzen, spielt keine Rolle. Es kommt allein darauf an, dass Sie Ihr Gegenüber so umfassend wie möglich wahrnehmen und dann erkennen, wie Sie am erfolgreichsten mit diesem Menschen kommunizieren; so, dass er Sie versteht ... und letztlich das tut, was Sie möchten, weil Sie auf der Beziehungsebene gepunktet haben.

Schema-Flex-Typen sind flexibel und haben keine Hemmungen, konventionelle Wege zu verlassen. Zumeist sind sie recht innovativ und werden nie müde, Alternativen zu finden, ihre Ziele auf neuen Pfaden zu erreichen. Vor Spontaneität und Zufällen haben sie keine Angst, das Chaos dient ihnen als willkommene Fundgrube. Schwierig kann es werden, wenn sich dieser Typus festlegen soll. Denn damit würde er ja seine Optionen einschränken, und das gefällt ihm gar nicht. Deshalb kommt es öfter vor, dass ein Schema-Flex-Typ seine Projekte nicht zu Ende bringt. Das ist doch langweilig. Lieber etwas Neues entwickeln als das schon Bekannte pflegen!

Sie ahnen es: Da steckt viel Zündstoff in der Begegnung zwischen Schema F und Flex! Der Schema-Flex-Typ gibt sich eben nicht zufrieden damit, etwas so zu machen wie immer. Er möchte ständig etwas verbessern, neue Lösungswege probieren, optimieren. Starre Regeln rauben ihm die Luft zum Atmen und machen ihn unglücklich. Selbst wenn etwas beim letzten Mal gut funktioniert hat, möchte der Schema-Flex-Typ das noch verbessern – zum völligen Unverständnis des Schema-F-Typs. Wieso etwas verbessern, was optimal klappt?

Viele Menschen kommen mit Schema F sowie Flex zurecht und switchen je nach Anforderungen zwischen ihnen hin und her. Dennoch gibt es bei den meisten Menschen einen Schwerpunkt.

Wie gut kennen Sie sich? Wann fühlen Sie sich wohl, wenn Sie sich an klare Abläufe halten können, und wann ist es Ihnen lieber, wenn Sie diese erst einmal kreieren müssen, wenn Sie Ihre eigenen Lösungen suchen?

Als Agenten sind Ihnen beide Muster bekannt, und Sie finden schnell heraus, zu welchem Ihr Gegenüber tendiert. So werden Sie ihn dann auch ansprechen und anleiten. Verlangen Sie von einem Schema-F-ler keine kreativen Lösungen und von einem Schema-Flex-Typen nicht, dass er Ihre Vorgehensweise übernimmt. Nutzen Sie das Potenzial beider, indem Sie ihnen in ihrem Muster begegnen … nicht in Ihrem! Und das übrigens nicht bloß im Job, sondern auch im Privatleben, wo mit diesen beiden Verhaltenspräferenzen Feuer und Wasser aufeinandertreffen.

Daniela und Max streiten sich jedes Mal, wenn sie zusammen einkaufen. Daniela meint, das liege daran, dass Max ein Mann sei und als solcher quasi blind. Der sieht das Pfund Tomaten im Kühlschrank nicht, wenn es direkt vor seinen Augen liegt. Deshalb wolle er immer in dieselben Geschäfte, dorthin, wo er sich auskenne. Was Daniela tödlich langweilte. Max meint, die Streitereien lägen daran, dass Daniela eine Frau sei und als solche shoppingsüchtig. Wie sonst ließe sich erklären, dass sie ständig von einem Laden in den nächsten hetzt?!

Nun, Daniela möchte wissen, ob es in anderen Geschäften etwas Besseres gibt, ob es da schneller geht. Sie möchte ihre Einkäufe optimieren, sich Möglichkeiten freihalten, während Max – gut, er kauft auch nicht gern ein – es so macht wie immer. So klappt es doch auch! Bei Tengel kennt sich der Mann aus.

Ein kluger Schema-Flex-Mitarbeiter erforscht auf kreative Weise Möglichkeiten zur Entwicklung von Lösungen, vergisst aber nicht, seinem Schema-F-Kollegen zuzusichern, dass alle nötigen Unterlagen termingerecht bei ihm eintreffen werden, damit er sie auf seine bewährte Art bearbeiten kann. In vielen Unternehmen gibt es zum Teil kriegsähnliche Zustände zwischen den Abteilungen Entwicklung/Kreativität und Produktion. Wie beim Geheimdienst zwischen Operative und Verwaltung. Letztere geraten außer sich, wenn Erstere ständig etwas Neues entwickeln, wo das Alte doch so gut läuft. Was wiederum die Kreativen auf die Palme bringt. Man muss doch weiterkommen. Muss man? Wenn einen Flexibilität antreibt, ist das so. Firmen wie Geheimdienste profitieren stark davon, wenn sie ihre Teams zielführend nach Schema F oder Flex besetzen.

Woran Sie Fans von Schema F erkennen:

Fragen Sie sie einfach: Warum hast du dich für dieses Handy entschieden?

Ein Schema-F-Typ wird diese Frage nicht beantworten. Stattdessen wird er Ihnen erzählen, wie es zu der Entscheidung kam und die Umstände, die dazu führten, aufzählen.

Ein Schema-F-Typ rät Ihnen gern, wie Sie etwas machen können: Halten Sie sich an folgende Tipps … er preist eine bestimmte Vorgehensweise als »bewährt« an, verweist auf ein erprobtes Verfahren und kennt den »richtigen Weg«, den er Schritt für Schritt empfiehlt.

Woran Sie Fans von Schema Flex erkennen:

Hier erhalten Sie auf die Frage nach dem Warum tatsächlich eine Antwort. Sie bezieht sich auf die Gründe, und das sind oft viele. Denn der Schema-Flex-Typ kennt die Liste der Kriterien, nach denen er ausgewählt hat, er kann auch Gelegenheiten und Möglichkeiten aufzählen, die seine Wahlmöglichkeiten aufgepeppt haben.

Ein Schema-Flex-Typ spricht viel von Möglichkeiten. Er hat einiges ausgelotet, verschiedenes ausprobiert. Und das sagt er auch, indem er von unbegrenzten Möglichkeiten und Alternativen schwärmt. Er glaubt daran, dass es immer einen neuen Weg geben wird, einen besseren womöglich, und nach oben hin ist alles offen.

Agenten-Eignungstest

Wie gut kennen Sie sich?

Je besser Sie sich selbst kennen, desto leichter fällt es Ihnen, andere zu durchschauen. Je häufiger Sie sich die Unterschiede bewusst machen, desto besser können Sie sie auch beeinflussen. Es ist möglich, Ihr Verhalten zu ändern, selbst wenn es ein stabiles Persönlichkeitsmerkmal darstellt. Agenten können das, denn sie erfüllen die Voraussetzung: ein hohes Maß an Bewusstheit und konsequenter Übung. Beides fördern Sie mit folgender Trainings-Mission:

Auftrag für Schema-F-Agenten

1. Tun Sie es. Aber tun Sie es anders. Sie schaffen das!

Auftrag für Schema-Flex-Agenten

2. Bleiben Sie dabei. Auch wenn es wehtut. Sie schaffen es!

So bekommen Sie ein gutes Gespür für die andere Seite.

DIE OBSERVATION

Mittwoch, 29. September, Tag zwei

Theresia Mühlthaler rief mich um 8:46 Uhr am nächsten Morgen an. »Ich habe alles für Sie vorbereitet. Sie können jetzt kommen.«

»Das freut mich! Dann sind wir morgen um neun Uhr, also um fünf nach neun bei Ihnen.«

»Heute täte es mir besser passen.«

Mit Mühe unterdrückte ich mein Schmunzeln. Offenbar hatte die alte Dame Blut geleckt und konnte es kaum abwarten, ihre geheime Mission zu starten. Leider war die Technik, die wir bei Frau Mühlthaler installieren wollten, noch für den Fall Marende im Einsatz und in einer anderen KW installiert. Spätestens im Morgengrauen würde sie abgebaut und per Agenten-Express zu ihrem neuen Bestimmungsort gebracht.

»Das schaffen wir vielleicht nicht mehr. Ich rufe Sie später an, wenn ich mehr weiß.«

»Wie viele Leute kommen denn insgesamt?«

»Ich bringe drei Kollegen mit. Die bleiben aber nicht bei Ihnen. Nur zum Aufbau der Technik.«

»Dann muss ich noch einkaufen.«

»Machen Sie sich bitte keine Umstände.«

»Nein, nein. Wenn man sich einmal entschieden hat, dann gilt es.«

»Ich hätte da noch eine Frage, Frau Mühlthaler.«

»Ja?«

»Wie kommen wir in Ihre Wohnung?«

»Indem Sie klingeln.«

»Zivis haben normalerweise einen Schlüssel.«

Sie schwieg. Ich auch. Schließlich sagte sie: »Ja. Kriegen Sie.«

Diesen Vertrauensvorschuss der alten Dame wusste ich zu schätzen. Ich hatte jedoch auch auf ihn hingearbeitet. Sie fühlte sich von mir verstanden, ihre Regeln wurden akzeptiert, deshalb konnte sie mir entgegenkommen. Die Sache ließ sich gut an. Frau Mühlthaler war sehr kooperativ, sie würde hoffentlich gut mit der neuen Situation in ihrer Wohnung umgehen können.

Wir würden eine unserer Kameras auf die Eingangstür von Sarai-Reisen richten und sie mit einem Sensor ausstatten. Sie würde nur aufnehmen, wenn sich die Tür bewegte, plus fünfzehn Sekunden, und gestochen scharfe Porträtaufnahmen aller Leute liefern, die den Laden betraten und verließen. Eine weitere Kamera würde die komplette Gebäudefront und den Platz davor filmen. Durchlaufend, um den Gesamtüberblick nicht zu verlieren. Zudem würden wir eine Nachtsichtkamera, Aufzeichnungsgeräte sowie ein verschlüsseltes Funksystem installieren – die gehobene Deluxe-Ausstattung sozusagen.

Ich verabredete mich mit Tichow, den ich gern schon früher getroffen hätte, doch anderweitige Verpflichtungen im Milieu hatten ihn gehindert. Ich wollte jedes noch so kleine Detail der Busfahrt von ihm erfahren und hörte mir zuerst eine Menge Details über die Türkei an. Tichow war gut gelaunt, und ich hatte Spaß an seinen Schilderungen, die er mit einer lebhaften Mimik und ausladender Gestik vortrug. Endlich kam er zur Sache und zur Situation an den Grenzen. »Haben geschwitzt wie Schweine«, beschrieb er mir die Fahrgäste, die er für illegal Einreisende hielt.

»Ja, das hast du schon gesagt.«

»Habt ihr sie geschnappt? Oder laufen lassen?«

»Was glaubst du denn?«, fragte ich ihn.

»Wie ich dich kenne, hast du sie erst mal laufen lassen, um an die Hintermänner zu kommen«, dachte er laut. »Sonst hättet ihr sie aus dem Bus geholt und nicht mit allen rausgelassen.«

»Clever kombiniert – ich wünschte, es wäre so«, ließ ich ihn an der Wahrheit teilhaben.

Tichow wirkte irritiert. »Wie meinst du das?«

»Alle waren sauber, alle Papiere okay. Die Kontrolle hat nichts ergeben.«

»Leo, machst du Witz!?«, fragte er ungläubig.

»Nein.«

»Das kann nicht sein. Ich habe es mit eigenen Augen gesehen. Fünfundzwanzig Stunden. Da war was faul. Superfaul!«

»Ich habe auch keine Erklärung ...«

»Einer von denen hat dabeigehabt Karton, voll mit Fotos. Weißt du, so kleine Fotos, schwarz-weiß mit Zacken an den Rändern. Wo du nicht siehst, wer ist was. Kleine Leute, kleine Gesichter, schwarze Klamotten, ganze Familie. Hat er gehalten wie Allerheiligstes.«

»Wie meinst du das?«

»Die haben mitgeschleppt ihre ganze Familiengeschichte in Kiste. Genau wie meine Mutter, damals als wir hierhergekommen sind. Und genau wie Großvater und Babuschka, als sie im Krieg auf der Flucht waren. Weißt du, was am wichtigsten war? Die Fotos mit Erinnerungen. Hat Babuschka unter ihren Röcken eingenäht. Hat meine Mutter heute noch. Das machst du nur, wenn du neues Leben anfängst.«

Während Tichow nach draußen ging, um vor dem McDonald's in einem Vorort Münchens, wo wir uns getroffen hatten, zu telefonieren und eine Zigarette zu rauchen, schob ich die Puzzlestücke hin und her. Die Grenzer hatten die Pässe eingesammelt, überprüft, zurückgegeben. Sie hatten, danach hatte ich mich bei Tichow mehrfach rückversichert, die Gesichter der Fahrgäste mit den Fotos in den Dokumenten verglichen. Bestimmt nicht so gründlich wie die Bundespolizei, aber sie hatten es gemacht. Tichow berichtete von Kontrollen an vier verschiedenen Grenzen. Einmal hätten Zöllner sogar besonders scharf kontrolliert und sich Ewigkeiten Zeit gelassen. »Die haben Gesichter nicht bloß geschaut, haben gescannt.«

Was war mit den Pässen los? Waren wir hier einem Fälscherring auf der Spur, der Fälschungen von einer noch nie da gewesenen Qualität auf den Markt brachte? Oder hatten sie einen komplett neuen Modus Operandi für ihre Schleusungen entwickelt? Oder gab es gar keine Schleusungen und irgendetwas anderes war faul, superfaul?

Als Tichow in eine Wolke kalten Rauchs gehüllt zurückkehrte, die hart an den Geruch lauwarmen Frittenfetts prallte, beauftragte ich ihn folgendermaßen: »Du gehst jetzt ins Casino. Wenn Bülent auftaucht, fragst du ihn, was das mit der Kontrolle auf sich hatte.«

Tichow schüttelte den Kopf. »Mache ich auf meine Weise. Ich sage Bülent, dass ich die Schnauze voll von ihm habe. Will nichts mehr mit ihm zu tun haben. Immer nur Probleme.« Tichow riss die Augen auf und funkelte mich an, als wäre ich Bülent: »Kann ich nicht brauchen, Bullen am Hals, kapiert!«

Es schadete nichts, wenn ein V-Mann auch über dramaturgisches Talent verfügt. Wie ein Agent, im Übrigen.

»Genauso machst du es«, bestätigte ich Tichow.

Er lachte. »Bülent kommt nie vor zehn ins Casino. Habe ich noch Zeit. Los, Leo! Gehen wir ein Bier trinken da!«

Ich schaute zur Eingangstür der Kneipe gegenüber, dann auf meine Armbanduhr und schüttelte den Kopf.

»Ich habe ein Date.«

»Wie heißt sie?«, wollte Tichow wissen.

»Theresia«, sagte ich.

Tichow öffnete sein Portemonnaie, fingerte darin herum, klopfte mir mit einer Hand auf die Schulter, mit der anderen drückte er mir augenzwinkernd ein Kondom in die Hand: »Viel Spaß dann mal!«

Der Häkeldeckchenkampf

Donnerstag, 30. September, Tag drei

Unser Lieferwagen mit dem Logo einer Erdinger Elektrofirma stand bereits vor Frau Mühlthalers Haus, als ich um kurz vor neun nach einem Parkplatz in der Gegend suchte. Wie besprochen würden die Kollegen von der Technik warten, bis ich sie aus der Wohnung anrief. Für Nachbarn und Neugierige würde es so aussehen, als bekäme Frau Mühlthaler neue Küchengeräte geliefert. Doch in den Kartons der Wasch- und Spülmaschinen befand sich, was wir für die Observation benötigten.

»Da sind Sie ja«, begrüßte mich Frau Mühlthaler, einen feuchten Putzlumpen in der Hand, den sie mir vor die Füße warf. Flatschend spritzte Wasser hoch bis zu meinen Knien.

»Abtreten«, befahl sie leise. »Ich habe gerade rausgewischt.«

Grinsend kam ich ihrem Befehl nach. Frau Mühlthaler streckte den Hals lang und schaute rechts und links an mir vorbei. Ich machte einen Schritt in die Wohnung, schloss die Tür und zückte mein Handy. »Jetzt ruf ich die Kollegen an.«

»Sie müssen erst schauen, ob die Luft rein ist?«

»So ungefähr.«

Drei Minuten später stellte ich ihr als erstes den Leiter der Observation, Robert Einmüller, vor. Mit Robert hatte ich im Vorfeld bereits alles besprochen. Er würde für den Einsatz in der Wohnung einen Agenten auswählen, mit dem Frau Mühlthaler gut klarkam. Und umgekehrt.

Robert erinnerte eher an einen Rocker denn an einen Beamten mit seinem schwarzen Pferdeschwanz und der schwarzen Lederjacke, die seinen blassen Teint zum Leuchten brachte. Der rührte nicht von exzessiven Nächten in Kneipen her, sondern von dem Endspurt im Fall Merw. In den letzten Wochen hatte er wenig Schlaf abbekommen, da seine Kundschaft vorwiegend nachtaktiv war.

»Den Herrn Einmüller werden Sie nur selten sehen«, erklärte ich Frau Mühlthaler. »Der schaut bloß gelegentlich nach dem Rechten.«

Frau Mühlthaler begrüßte ihn mit einem Händedruck, dann wandte sie sich an mich. »Wo sind denn die anderen?«

»Die Technikjungs kommen gleich«, sagte ich und begriff im Wohnzimmer schnell, warum sie das wissen wollte. Es war für fünf Personen gedeckt. Semmeln, Brezen, Butter, Aufschnitt, Käse.

»So, um halb zehn ist doch Brotzeit, oder?«, fragte Frau Mühlthaler. »Der Kaffee wär auch fertig.«

Robert, der, wie ich wusste, um zehn den nächsten Termin hatte und unter hoher Spannung stand, lächelte freundlich. »Das ist aber ein Empfang! Da nehme ich doch glatt eine Tasse.«

»Wollen wir nicht warten, bis alle da sind?«, appellierte Frau Mühlthaler an seine guten Manieren.

Robert warf mir einen SOS-Blick zu. Ich hatte ihm die alte Dame zwar geschildert, dass er als Senioren-Unterhaltungsprogramm dienen würde, wurde ihm aber erst jetzt klar.

»Mein Kollege hat es sehr eilig«, sagte ich.

Zwei Minuten später hatte Robert seinen Kaffee, drei Minuten später tauchten die Jungs von der Technik auf.

Ich stellte sie Frau Mühlthaler vor. Die beiden nickten der alten Dame nur kurz zu, verzichteten auf einen Handschlag und kümmerten sich nicht weiter um sie. Womöglich hatten sie sie im nächsten Augenblick schon vergessen. Sie interessierten sich allein dafür, wie sie ihr Equipment am besten aufbauen konnten, das sie nach und nach in den vierten Stock schleppten. Frau Mühlthalers

Blicke verdunkelten sich Kiste für Kiste. Letztendlich standen drei große Kisten, unzählige kleinere Koffer, einige Stative, mehrere Kabeltrommeln und ein Ballen mit rund zwanzig Quadratmetern Molton im Wohnzimmer. Gemütlich sah anders aus. Aus den Augenwinkeln bemerkte ich, dass Frau Mühlthaler zwei von den Gedecken verschwinden ließ. Den Technikern fiel das nicht auf. Robert schon, und es amüsierte ihn sichtlich. Nachdem er mit den beiden noch einige Details besprochen hatte, verabschiedete er sich. Frau Mühlthaler brachte ihn zur Tür und nahm ihm das Versprechen ab: »Nächstes Mal bringen Sie mehr Zeit mit und essen auch etwas!«

Dann stellte sie sich mit vor der Brust verschränkten Armen neben die Wohnzimmertür und beobachtete, wie die Techniker Ungemütlichkeit verbreiteten. Was ihnen nicht bewusst war. Sie sahen nur Dinge. Die Blumentreppe und der Schaukelstuhl standen wie bestellt und nicht abgeholt neben dem Schrank, eine Teppichbrücke war zusammengerollt, auf dem Sofa ringelten sich meterweise Kabel, fremd und kühl ragten die Träger der Alutraversen in den Raum. An ihnen würden die Techniker die schwarze Moltonwand befestigen.

»Es ist ja nur für ein paar Tage, maximal dreieinhalb Wochen«, tröstete ich Frau Mühlthaler.

»Wer A sagt, muss auch B sagen«, erwiderte sie, drehte mir den Rücken zu und kehrte kurz darauf mit einem feuchten Küchentuch zurück. Die Techniker hatten eine Vase beiseitegeschoben und Frau Mühlthaler einen gräulichen Wasserrand entdeckt. Sie entdeckte noch einige mehr, wuselte mit dem Lappen in der Hand hinter den Technikern her, verschob Bilderrahmen, wusste nicht, wohin mit sich. War das noch ihre Wohnung? Nein, war es nicht, auch wenn sie sie tapfer verteidigte an der Häkeldeckchenfront. Kaum hatte ein Techniker eines der runden oder rautenförmigen Deckchen verschoben, schob Frau Mühlthaler es zurück, dann der

Techniker, dann Frau Mühlthaler. Eine Art Mühle, und die Schränke und Tische waren das Spielbrett. Allerdings bekamen die Techniker das gar nicht mit. Sie schoben beiseite, ohne zu sehen, was. Als sie feststellten: »Mia hams. Jetzt pack' mas wieder«, ließ sich die alte Dame auf einen Stuhl sinken.

»So«, sagte sie.

Ich setzte mich neben sie. Sie stand sofort wieder auf. »Aber jetzt trinken wir zwei einen Kaffee miteinander.«

»Freilich«, sagte ich.

»Und dann erklären Sie mir das alles noch mal in Ruhe, was ich jetzt machen muss mit den ganzen Apparaturen hier.«

Ich lachte. »Das machen alles wir.«

»Ich muss nichts einschalten und scharf stellen und wechseln?«

»Nein.«

»Dann essen wir jetzt die Brotzeit.«

»Klar«, nickte ich. Nach einer halben Breze begann ich mit der kleinen Wiedergutmachung, die ich Frau Mühlthaler anbieten konnte. Die alte Dame hatte kein einziges Mal nach Geld oder einer anderen Entschädigung gefragt. Ihr genügte der Dienst für ihr Land. Es war nicht viel, was sie von uns bekommen würde.

»Für die Umstände, die Sie für uns in Kauf nehmen«, ich deutete auf unsere Kisten-, Kästen-, die Kamera- und Kabelkonstruktion, »wollen wir uns natürlich erkenntlich zeigen. Ich würde sagen, die Miete für diesen Monat geht auf unsere Rechnung.«

»Vierhundertsechzig Euro?«, staunte sie. Ich merkte, dass sie überhaupt nicht mit einer Aufwandsentschädigung gerechnet hatte. Und es war deutlich zu sehen, wie sehr sie sich über diese unverhoffte Zuwendung freute. »Die Waschmaschine macht so komische Geräusche in letzter Zeit beim Schleudern«, sagte sie. »Ich hab gar nicht gewusst, wie ich … ob ich vielleicht mit der Hand …«

Ich notierte mir das geistig. Vielleicht konnte ich unkompliziert eine Reparatur organisieren. Dann erklärte ich Frau Mühlthaler, wie wir vorgehen würden: »Mein Kollege Andreas Brauer wird da sein und das mit der Technik machen. Außerdem wird er von hier aus die Kollegen, die die Observation draußen durchführen, instruieren, wenn es etwas Besonderes gibt.«

»Ich verstehe, rund um die Uhr.«

»Nein, erst mal nicht durchgehend. Heute wird er allerdings bis circa 21 Uhr bleiben. Wenn es sich eingespielt hat, wird er nicht immer in der Wohnung sein. Aber er wird jeden Tag bei Ihnen vorbeischauen.«

»Aber nicht nachts?«

»Nur in Ausnahmefällen.«

»Ich könnt schon ein Bett aufschlagen, das Sofa …«

»Das ist sehr freundlich, aber es wird nicht nötig sein, er soll ja hier arbeiten, nicht schlafen.«

»Am liebsten wäre mir, Sie machen das alles persönlich. Geht das?«

»Würde ich sehr gerne, leider habe ich noch andere Aufgaben.«

»Aber Sie kommen mal vorbei?«

»Ja.«

»Wann?«

»So oft ich es einrichten kann.«

»Und der nette Herr mit dem Pferdeschwanz auch?«

»Ja, der kommt auch, das ist nämlich der Chef vom Herrn Brauer, der Leiter der Observation.«

Nachdenklich rührte Frau Mühlthaler in ihrem Kaffee, obwohl sie weder Milch noch Zucker hineingegeben hatte. »Und von draußen sieht man das alles nicht?«

»Nein, man sieht gar nichts.«

»Also bin ich sicher?«

»Ja, ganz sicher. Denken Sie einfach daran: Wir machen das nicht zum ersten Mal. Von außen ist nichts zu sehen, selbst wenn hier Licht brennt. Sie sollten halt niemanden in die Wohnung lassen.«

»Außer Ihnen.«

»Außer uns.«

Frau Mühlthaler seufzte. »Das kenne ich. Das ist normal. Wer besucht mich schon.« Sie straffte ihre Haltung. »Kommen Sie und Ihre Kollegen auch am Wochenende?«

»Ja, jeden Tag.«

»Aber beim Sonntagsrätsel dürfen Sie nicht klingeln! Da muss ich mich konzentrieren.«

»Ist es Ihnen lieber, wir sperren auf?«

»Nein, Sie sollen schon klingeln, zuerst. Aufsperren können Sie, wenn ich beim Einkaufen bin. Ich gebe Ihnen zwei Schlüssel. Ich habe nämlich vier und einer ist im Keller, wenn ich mich mal aussperre. Also beim Sonntagsrätsel können Sie nicht kommen.«

»Das läuft im Radio?«

»Ja. Da kann ich den Ton nicht abdrehen.«

»Aber Frau Mühlthaler, Sie müssen den Ton nicht abdrehen! Sie können alles tun, was Sie sonst auch tun. Die Einschränkung betrifft lediglich den Raum am Fenster, keine Geräusche.«

»Ach so!« Erleichterung breitete sich in ihrem Gesicht aus. »Ja dann! Wissen Sie, da kann man jede Woche was gewinnen. Ich habe schon mehrmals gewonnen. Der Anfangsbuchstabe ist bekannt, den Rest muss man erraten. Verfügen Sie über eine Allgemeinbildung?«

»Ich glaub schon«, schmunzelte ich.

»Vielleicht kommen Sie ja dann mal sonntags? Der Herr mit dem Pferdeschwanz scheint mir auch klug zu sein, er ist so blass. Bestimmt liest er viel.«

»Ja«, nickte ich ernsthaft. »Das glaube ich auch.« Insgeheim dachte ich: Akten.

AUS DEM AGENTENHANDBUCH

Lockvögel & Köder

Wie behandeln Sie andere Menschen und wie wollen Sie selbst behandelt werden? Als Agenten locken Sie die richtigen Informationen aus den richtigen Leuten. Wie sieht es im Moment aus? Ködern Sie die dicken Fische oder ziehen Sie Ihre Angel ohne Fang an Land?

Belanglosigkeit, Beliebigkeit und Austauschbarkeit sind häufig dafür verantwortlich, dass das Netz leer bleibt, nicht nur im Agenten- und Berufsleben, sondern auch im privaten Bereich. Weil sie Beziehungskiller sind. Wenn der andere nicht weiß, woran er bei Ihnen ist, werden Sie nichts Wesentliches von ihm erfahren. Er wird seine innere Tür vor Ihnen verschließen, und Sie werden es schwer haben, ihn zu durchschauen.

Vertrauen bekommen Sie nicht geschenkt. Sie müssen es sich erarbeiten, so wie sich auch andere Ihr Vertrauen erarbeitet haben. Diese Arbeit ist nicht anstrengend, doch man muss darüber Bescheid wissen, wie Vertrauen entsteht. Geheimniskrämerei ist ein Ausschlusskriterium.

Damit der andere ein möglichst klares Bild von Ihnen erhält, müssen Sie Persönliches von sich preisgeben. Es geht darum, Profil zu zeigen, ein glasklares Bild von sich und den eigenen Werten zu vermitteln. Je mehr Ihr Gegenüber über Sie weiß, je besser er Sie zu kennen glaubt, desto leichter fällt ihm die Entscheidung, wie nah er Sie an sich ranlassen, welche Informationen er Ihnen anvertrauen möchte. Macht er für Sie eine Ausnahme? Ist er bereit, sich für Sie einzusetzen? Geht er auf Ihre Vorschläge und Angebote ein? Dazu ist es nicht notwendig, vorbehaltlos jedes kleinste private Detail in der Öffentlichkeit herauszuposaunen. Vielmehr ist gemeint, ganz bewusst festzulegen, welche Information über mich gebe ich bekannt und welche nicht. Die Faustregel lautet: Unterstützende Aspekte betonen, andere ausblenden. Und dabei stets authentisch bleiben!

Überraschenderweise sind es nicht die Geschichten über Ihre tollsten Erfolge, Ihre stärksten Leistungen und erst recht nicht Ihr Haus, Ihr Auto und Ihr Boot, die bei anderen die Türen öffnen. Sondern Erlebnisberichte über eine schwere Entscheidung, vor der Sie standen, das letzte Projekt, bei dem Sie so richtig Lehrgeld bezahlen mussten, der peinlichste Moment in Ihrem Leben und was Sie daraus gelernt haben, ein Rückzieher von damals, für den Sie sich bis heute schämen. Sie dürfen Schwächen und Ecken und Kanten offenlegen. So zeigen Sie, nach welchen Werten Sie ticken und auf welchen Grundlagen Sie Ihre Entscheidungen treffen. Und zwar zwischen den Zeilen. Ohne dass es nach Aufschneiderei klingt: mein Haus, mein Auto, mein Boot.

Wenn der andere mich nicht kennt, wird er nicht viel über sich preisgeben. Oder nur so viel wie einem, der ihm nichts bedeutet.

Heldengeschichten zu erfinden, die attraktive Botschaften für Ihr Gegenüber mehr oder minder elegant transportieren, führt nicht zum Ziel. Es geht nicht darum, dem anderen nach dem Mund zu reden und ihm das zu erzählen, was er hören möchte. Die Geschichten, die Sie von sich verraten, müssen mit dem übereinstimmen, was andere mit Ihnen erleben, mit Ihrem Verhalten, Ihren Entscheidungen. Sonst gehen die inneren Türen nicht auf, sondern zu. Womöglich schneller, als Sie schauen können, und wenn Sie Pech haben und einem halbwegs guten Schauspieler gegenüberstehen, merken Sie das nicht mal.

Wir alle wünschen uns, wahrgenommen zu werden. So wie wir sind. Und wenn wir andere wirklich wahrnehmen wollen, müssen wir uns für sie interessieren, nicht für unsere Vorurteile über sie.

Wenn der Chef einem langjährigen Mitarbeiter zu seinem runden Geburtstag einen Fresskorb schenkt, kann das verschiedenes bedeuten: Du hast schon alles. Oder: Ich kenne deine Interessen nicht, weil ich mich nie wirklich für dich als Mensch interessiert habe, aber essen muss jeder, und ich will nicht mit leeren Händen dastehen. Oder: Ich weiß doch, dass du italienische Salami und guten Wein liebst.

Wenn der langjährige Mitarbeiter, der vegan lebt, nichts von sich preisgegeben hat, ist er selbst schuld an dem Geschenk.

Agenten-Eignungstest

Legen Sie fest, welche Aspekte Ihrer Persönlichkeit Sie betonen und welche Sie nicht erwähnen wollen. Seien Sie sich bewusst über die Botschaften, die Sie mit Ihren Informationen vermitteln. Achten Sie darauf, dass es trotzdem nicht aussieht wie inszeniert.

Einer muss den ersten Schritt tun, um auf eine Vertrauensebene zu gelangen. Agenten sind es gewöhnt, hier die Ersten zu sein. Außer sie würden ins offene Messer laufen. Aber das passiert Ihnen nicht bei Ihrer hoch entwickelten unbewussten Kompetenz.

Beobachten Sie sich selbst: Wann neigen Sie dazu, andere Menschen nur in ihrer Funktion oder in einer ganz bestimmten Rolle wahrzunehmen? Das ist die Brotmaschine, die mir gleich vier Semmeln über die Theke reicht, das ist der Münzenentgegennehmer, der mir mein Wechselgeld gibt, das ist die Stimme am Telefon, die meine Beschwerde entgegennimmt – das ist die Alte, die Häkeldeckchen sammelt und ständig im Weg rumsteht und meinen Job behindert. So kommen Sie nicht weiter. Ihre Mission lautet: den jeweiligen Menschen hinter seiner Funktion zu entdecken und immer wieder neu kennenzulernen in all seinen Facetten. Die meisten Menschen haben eine Menge zu bieten. An uns ist es, ihnen auf die Spur zu kommen. Als Agenten sollte uns das nicht allzu schwerfallen!

ADLERHORST UND TAUBENSCHLAG

Tag vier bis neun, Freitag, 1. bis Mittwoch, 6. Oktober

Wie aus einem Horst beobachteten wir mit Adleraugen, was sich bei Bülent tat. Im Reisebüro ging es tatsächlich zu wie in einem Taubenschlag. Ein Kommen, ein Gruß, ein Handschlag, Tee oder eine Zigarette, manchmal beides, kurzer Small Talk, ein Gehen. Es waren immer wieder dieselben Köpfe, die dort auftauchten. Mehrere Tage lang. Darunter auch viele Leute aus dem Viertel. Man kennt sich, man grüßt sich, man plaudert, man trennt sich. Von jedem Kopf hatten wir bald gestochen scharfe Bilder, Porträtaufnahmen, als wären wir nur eine Armeslänge entfernt. Einige Gesichter waren alte Bekannte, harmlose Typen, andere Unbekannte.

Unser hauseigenes Labor behandelte die Fotos nach Agentenart: Die Hintergründe auf den Bildern wurden umgebaut, verwischt, entfernt oder unkenntlich gemacht. So war weder zu erkennen, dass die Bilder zu einer Serie gehörten noch war der Ort der Aufnahme zu rekonstruieren. Gut durchmengt mit weiteren Bildern, die zu Bülent, Sarai und dem Umfeld keinerlei Bezug hatten, wurden die Fotos unseren Quellen vorgelegt: Wen kennst du und was weißt du über ihn? Innerhalb von achtundvierzig Stunden hatten wir zu den meisten Bülent-Besuchern Namen, Adressen und eine erste vorsichtige Bewertung.

Neben Bülent und seinen beiden Mitarbeitern Serkan und Kuvet verkehrten bei Sarai-Reisen Angehörige, Verwandte und Verschwägerte auch entferntester Grade, alte Freunde, Nachbarn, Osman vom Getränkemarkt zwei Straßen weiter, Sili aus dem Discount-Backshop, Seki, Adnan und Mersut vom Islamischen Kulturförderverein, Ilhan von Alakara-Reisen, Musa, der sich auf Versicherungen für türkische und arabische Mitbürger spezialisiert hatte, und natürlich Kismet, der Zockerkönig von nebenan.

Wir konnten beobachten: Bülent geht ein und aus, seine Mitarbeiter auch, immer dieselben Leute, sie rauchen und trinken Tee, selten verirrt sich mal ein Kunde in den Laden. War' s das? Bei Sabine und mir stieg die Nervosität. Wir fuhren das volle Programm. Das musste zu Ergebnissen führen ... oder zu großem Ärger. Einen Fehlschlag thematisierten wir nicht. Noch hatten wir Zeit. Nicht alle Zeit der Welt, aber wir glaubten an den Erfolg unserer Mission.

Eine Woche nach Einrichtung der Kontaktwohnung erreichte uns eine Eilmeldung aus Istanbul, mit der wir nicht gerechnet hatten. Wir erwarteten zwar einen weiteren Bus mit zweiundvierzig Insassen von Sarai-Reisen, sie verkehrten in schöner Regelmäßigkeit zweimal wöchentlich. Wir konnten die Busse nicht von der Bundespolizei kontrollieren lassen, ohne neue, tatsächlich stichhaltige Beweise für Schleusungen zu haben. Und die fehlten bislang, egal, wie sicher Sabine und ich auch sein mochten. Umso besser, dass unsere Quelle in Istanbul die Augen und Ohren offen hielt. Philipps Kontaktmann meldete per Telefon, dass es bei der Abfahrt des Busses, die nur wenige Minuten zurücklag, zu einem auffälligen Zwischenfall gekommen sei. Zuerst habe er beobachtet, wie sieben oder acht Reisende im Büro von Sarai-Istanbul Pässe zugesteckt bekamen, die von den neuen Inhabern genauestens begutachtet, fast schon bestaunt wurden. Die Geschichte kannten wir bereits. Doch die Quelle setzte noch einen drauf: Bevor die Reisenden diese Pässe erhalten hatten, wurden ihnen andere Pässe abgenommen. Es wurden also Pässe getauscht! Auf Rückfrage versicherte die Quelle, dass sie dies zweifellos beobachtet habe. Damit erhärtete sich unsere Annahme, denn es wäre überaus verdächtig, wenn jemand bei einer Kontrolle zwei Pässe bei sich trüge. Diese Beobachtung der Quelle in Istanbul stellte ein wichtiges Indiz für uns dar. Sie war ein Fingerzeig auf ein Puzzleteilchen, von dem wir wussten, dass es dieses Teilchen gab, aber nicht, wo es war. Und es kam noch besser, allerdings konnten wir uns auf diesen Vorfall keinen Reim machen: Alle Passagiere waren bereits eingestiegen, als eine Frau und zwei Männer wieder aus dem Bus gezerrt worden seien. Während einer lautstarken Auseinandersetzung mit gegenseitigen Beschimpfungen und kleinen Handgreiflichkeiten sei das Gepäck der drei aus dem Laderaum gesucht und auf die Straße gestellt worden. Daraufhin sei die Frau in Tränen ausgebrochen und habe schreiend mit den Fäusten gegen den Bus geschlagen. Die beiden Männer hätten versucht, sich mit Gewalt Zutritt zu verschaffen, woran sie von drei Sarai-Mitarbeitern und den zwei Busfahrern gehindert worden seien. Unsere Quelle hatte deutlich gesehen, wie einer der Reisebüro-Männer den dreien schlussendlich Unterlagen abgenommen und ihnen andere Papiere grob vor die Brust gedrückt habe.

Was bedeutete das? Was war da los in Istanbul? War man dort aufgrund unserer Kontrollen nervös? Hatten die drei nicht bezahlt? Oder hatten sie sich nicht an Absprachen gehalten? Waren die Fälschungen – davon mussten wir noch immer ausgehen – zu schlecht gewesen? Aber warum wurde das so spät entdeckt? Oder hatten sie versucht, sich als Rauschgift-, Waffen- oder Sonst-was-Schmuggler unter die Fahrgäste zu mischen, und damit wollte man kein zusätzliches Risiko eingehen? Oder handelte es sich hier um eine offene Rechnung im persönlichen Bereich, die mit unserem Verdacht überhaupt nichts zu tun hatte? Auch eine solche Möglichkeit durften wir nicht außer Acht lassen.

Zwar würde der AL aufgrund der aktuellen Information keine Kontrollaktion unterstützen, doch die Meldung der Quelle brachte Dynamik in den Fall. Jedes kleinste Zeichen, das darauf hindeutete, dass Sarai-Reisen kein tourismusorientierter Betrieb war, kam uns gelegen. Hier fand Logistik unter Legende statt. Und mit Legenden kannten wir uns aus!

Überwachung im Keller

Am Spätnachmittag fuhr ich zu Frau Mühlthaler. Schon bei der Begrüßung merkte ich, dass irgendetwas nicht stimmte. Die alte Dame wirkte bedrückt. Sie öffnete bloß die Tür und verschwand dann wortlos in der Küche. Was war denn hier los?

»Alles okay?«, fragte ich Andreas, der im Wohnzimmer mit einer der Kameras hantierte.

»Alles okay. Nichts Neues heute, dieselben Gesichter, eine Ausnahme, junges Mädchen, kann eine Verwandte sein, davon haben die ja mehr als genug.«

»Und sonst?«

Er zuckte mit den Schultern.

»Wie kommt ihr miteinander aus, du und Frau Mühlthaler?«

»Da ist nicht viel auszukommen. Die steckt den ganzen Tag in ihrer Küche und sagt keinen Ton.«

Das klang nach dicker Luft.

Andreas grinste schief. »Riecht ein bisschen nach Friedhof hier«, fügte er hinzu und erhärtete meinen Verdacht.

Frau Mühlthaler saß in der Küche auf einem Hocker vor einem Kofferradio und erwürgte ein rotweiß kariertes Geschirrtuch.

»Wie geht's Ihnen?«, fragte ich.

»Macht der das schon lange?«, wollte sie von mir wissen und nickte mit dem Kopf in Richtung Wohnzimmer. »Der schaut mehr in sein Handy rein als aus dem Fenster raus.«

Aha, daher wehte der Wind. Wie ich es befürchtet hatte. Nicht gut, gar nicht gut. Frau Mühlthaler bot mir keinen Kaffee an. Sie schaute mich nicht mal richtig an. Die alte Dame litt. Hier bestand dringender Handlungsbedarf. Sicher, es war nicht angenehm für Frau Mühlthaler, einen Dauergast in ihrer Wohnung zu haben, doch sie durfte sich in ihren eigenen vier Wänden nicht unerwünscht fühlen. Sonst würde unsere Mission bei ihr auf wackeligen Beinen stehen. Ich beschloss das sofortige Dienstende für Andreas und funkte Robert an, der zwei Straßen weiter auf Abruf stand. »Kommst du mal rauf?«

»Drei Minuten«, erwiderte er, ohne Fragen zu stellen.

Auch sein Erscheinen heiterte Frau Mühlthaler kaum auf. Wortlos, allein mit Blicken und Kopfnicken, verständigten Robert und ich uns über die weitere Vorgehensweise.

Robert wies Andreas an, heute ein paar Minuten früher Schluss zu machen. In Windeseile schulterte Andreas seinen Rucksack. Er wollte bloß eins: raus hier. Wie dringend das nicht nur jetzt, sondern insgesamt nötig war, merkte ich, als Frau Mühlthaler ihn beim Abschied ignorierte. Was auf Gegenseitigkeit beruhte. Welche Hölle mussten die beiden durchgemacht haben in den vergangenen Tagen! Und wie tapfer hatte sich die alte Dame geschlagen. Sie hätte mich auch anrufen können, aber sie stand zu ihrem einmal gefassten Entschluss, den zog sie durch, koste es, was es wolle. Aber auch als Schema-F-Typ gab es einen Punkt, der nicht überschritten werden durfte. An dem es ihr reichen und sie uns bitten würde, unser Zeug zu packen. Wir brauchten diese Wohnung! Sie war einer der kleinen, dünnen Grashalme, an die wir uns in diesem komplizierten Fall klammerten.

Neben Andreas lief ich die Treppe hinunter, Robert vor uns.

»Wieder ein Tag geschafft«, sagte ich locker.

Andreas verdrehte die Augen. »Wenn ich daran denke, dass ich morgen wieder zu dieser alten Schachtel muss.«

»Sie ist doch ganz nett!«, widersprach ich, um mehr zu erfahren.

»Nett? Hä? Hock du dich mal zu der in die Bude den ganzen Tag!« Er verstellte die Stimme: »Wollen Sie ein Tässchen Kaffee? Soll ich Ihnen eine Butterbreze machen? Haben Sie eine Allgemeinbildung? Das Fenster muss aber geschlossen bleiben …«

»Die meint es doch nur gut«, sagte ich locker.

»Und wie es da müffelt. Nach Krankenhaus und Friedhof.«

Ja, nach Friedhof. Innerlich beerdigte ich die Tätigkeit dieses Kollegen. Nicht nur in diesem Fall. Ich würde ihn so bald nicht mehr einsetzen. Er verstieß gegen mehrere der wichtigsten Regeln für Agenten gleichzeitig. Robert drehte sich kurz um. Erneut wechselten wir Blicke.

»Und weißt du, was die jeden Abend isst? Presssack! Blutigen, kalten, ekeligen, fettigen Pressack!«

»Ja, und?« Meine Stimme klang nicht so neutral, wie ich es gern gehabt hätte. Er merkte das und fühlte sich bemüßigt zu erklären:

»Das ist dermaßen widerlich. Wie das schwabbelt. Und dann nimmt sie ein Stück zwischen ihre gichtigen Finger und fragt mich …«

Wir waren im Erdgeschoss angelangt. Für Andreas würde es noch ein Stockwerk tiefer gehen. Ich verabschiedete mich von ihm und Robert und war so sicher, dass Robert ihn von dem Fall abziehen würde, dass ich Frau Mühlthaler drei Minuten später anrief.

»Morgen kommt ein neuer Kollege. Einer, an dem Sie mehr Freude haben.«

»Ach?«

»Mit Herrn Brauer lagen Sie ja nicht ganz auf einer Wellenlänge.«

»Das haben Sie gemerkt?«

»Sie haben es mir nicht allzu schwer gemacht. Er ist jung und muss noch einiges lernen. Aber bitte, wenn wieder so was ist, dann rufen Sie mich an. Ich bin dafür zuständig, dass Sie sich gut fühlen unter den schwierigen Bedingungen. Ich weiß Ihr Entgegenkommen sehr zu schätzen und werde alles dafür tun, Ihnen die Zeit trotzdem so angenehm wie möglich zu machen.«

»Danke«, sie zögerte. »Und wer kommt morgen?«

»Unser Nettester«, log ich, denn ich wusste, dass Robert selbst den Job nicht übernehmen konnte, leider. Er wäre meine erste Wahl gewesen. Nicht nur menschlich – Frau Mühlthaler konnte ihn gut leiden –, auch als Nahbeobachter. Was einfach klingen mag, ist in Wirklichkeit ein Knochenjob, der höchste Konzentration erfordert. Jede Überwachung weist Lücken auf. Je weniger Lücken, desto besser. Unterbrechungen wie die kurze Toilettenpause sind nicht das Problem. Die größte Gefahr besteht, wenn die Gedanken abschweifen – Liebeskummer, Urlaubsplanung, die kranke Tochter mit vierzig Grad Fieber, bevorstehendes Konfliktgespräch, Weihnachten, To-do-Liste, Einkaufszettel – wenn man unaufmerksam wird und das selbst nicht bemerkt. Man ist körperlich anwesend, schaut aus dem Fenster und sieht nichts. Da hilft es kaum, sich zu sagen: Reiß dich zusammen! Gedanken sind schwerer zu hüten als ein Sack Flöhe – besonders, wenn man private Probleme hat. Liebeskummer ist ein Observationskiller.

Robert gehörte zu den Besten, wenn er auch selbst mittlerweile nur noch selten an vorderster Front aktiv war. Als Chef der Truppe koordinierte er die Einsätze und coachte sein Team. Über ihn ging das Gerücht, er würde bei einer Observation niemals seinen Platz verlassen. Niemals bedeutete, dass er dann auch nicht zur Toilette musste.

Es ärgerte mich, dass wir so lange gebraucht hatten, um zu erkennen, dass Andreas keine gute Wahl war. Wir hätten ihn längst austauschen sollen, das ist das übliche Vorgehen in solchen Situationen. Beim Geheimdienst steht oft so viel auf dem Spiel, dass man nicht lange zögert und Mitarbeiter wechselt. Die Gelegenheit, sich zu entwickeln, bekommen sie dann in anderen Bereichen. Mit mehr Zeit und weniger Risiko. Auf solche Maßnahmen wird im normalen Berufsleben gelegentlich verzichtet. Da werden eher Ansagen gemacht, Regeln aufgestellt und Konsequenzen angedeutet. Mit derartigen Versuchen verschwendet ein Agent keine Zeit. Er weiß, dass sich andere eben nicht von heute auf morgen ändern. Und wenn überhaupt, dann nur in einem gewissen Rahmen. Also muss etwas anderes geändert werden. Vielleicht die Umstände. Wenn schnelle Ergebnisse wichtig sind, ist das der Erfolg versprechende Weg.

Für Agenten steht die Lösung im Mittelpunkt. Sie haben sich das Wunschdenken abgeschminkt, alle würden so ticken wie sie, denn sie verfügen über eine professionelle Menschenkenntnis. Sie setzen nicht auf vorgefertigte Meinungen und Vorurteile, handeln bewusst und flexibel. Sie haben ausreichend Fantasie und Einfühlungsvermögen, sich in andere hineinzuversetzen, um sie zu enttarnen, zu durchschauen und zu lenken.

Inwieweit passt diese Beschreibung bereits auf Sie? Und wie würden Sie einen Mitarbeiter wie Andreas Brauer einsetzen, um ihm die Gelegenheit zu geben, sich positiv zu entwickeln? Wir alle sind auf das Wohlwollen unserer Mentoren angewiesen, die uns an ihrem Wissen teilhaben lassen, damit wir eines Tages Mentoren für andere werden können.

Nächtliche Aktivitäten am Zielobjekt

Tag zehn bis vierzehn, Donnerstag, 7. bis Montag, 11. Oktober

Die Entscheidung, den Observanten auszutauschen, erwies sich schon am nächsten Tag als richtig, wie mir Robert kurz meldete. Zwei Tage später ergab sich die Gelegenheit zu einem längeren Gespräch und ich erfuhr, dass Stefan Dürr begeistert von dieser Mission war.

»Dem gefällt es bei der Frau Mühlthaler, da haben sich zwei gefunden«, erläuterte Robert. »Der kann gar nicht genug davon kriegen, ihre alten Geschichten zu hören.« Robert lachte. »Und sie kocht mittags für ihn. Er meint, wenn die zweieinhalb Wochen um sind, hat er drei Kilo mehr auf den Rippen.«

Noch zweieinhalb Wochen. Die Zeit raste nur so – und wir hatten wenig Greifbares, allerdings sehr viel zu überprüfen, zahlreiche Abklärungen durchzuführen, denn obwohl Stefan sich offenbar gut um Frau Mühlthaler kümmerte, stöberte er hier und da interessante Ansatzpunkte auf. Mittlerweile hatten wir eine Liste mit siebzig Personen und sechsunddreißig Fahrzeugen, die wir Sarai-Reisen zuordnen konnten. Allein dafür hatte sich die Kontaktwohnung gelohnt. Zwei der Fahrzeuge waren auf Halter zugelassen, die schon hatten arbeiten lassen, einer davon kassierte im Zeitraum von 2004 bis 2008 gleich mehrere Anzeigen im Bereich Prostitution und Menschenhandel. Alle Anzeigen wurden jedoch aus Mangel an Beweisen von der Staatsanwaltschaft eingestellt. Nicht genug, um den AL zu überzeugen. Aber die Richtung stimmte.

Ich persönlich fand es sehr beruhigend, die alte Dame gut aufgehoben zu wissen. Auch wenn ich vor allem an Informationen interessiert war, lag mir daran, dass sie sich in ihren eigenen vier Wänden wohlfühlte. Sonst wäre unsere Mission gefährdet. Nun fühlten sich sogar zwei dort wohl – und genau diese Kleinigkeit sollte uns zum Durchbruch verhelfen:

»Und, wie steht's?«, fragte ich Stefan, der am Fenster saß, nach dem Stand der Dinge bei einer meiner Visiten.

»Prima«, grinste er, ohne den Blick abzuwenden.

»Robert hat mir schon erzählt, dass du lieber bei Frau Mühlthaler bleiben würdest als abends nach Hause zu gehen, wo kein so gutes Abendessen auf dich wartet«, ließ ich ihn wissen.

»Und nicht nur kein gutes Abendessen«, gab Frau Mühlthaler sich kryptisch.

Dann verschwand sie in ihrem Schlafzimmer und kehrte mit einem Nachtsichtfernglas zurück, das sie sich bei Optik Bando in der Schillerstraße geliehen hatte, wie ein Aufkleber offenbarte. »Um Tauben zu beobachten, habe ich denen gesagt«, verriet sie.

Stefan und ich starrten die alte Dame an. In diesem Augenblick hätten sämtliche Regierungsoberhäupter der G8 ungesehen in die Geschäftsräume von Sarai-Reisen schlüpfen können. Frau Mühlthaler genoss unsere Verblüffung sichtlich.

»Drei Nächte bin ich jetzt aufgestanden und habe Wache gehalten. Eine Stunde schlafen, eine Stunde wachen. Ich will doch, dass Sie beide bei Ihren Vorgesetzten einen guten Eindruck machen. Ich habe mir gedacht, wenn Sie immer nur tagsüber da sind, entgeht Ihnen doch vielleicht was. Also habe ich selber geschaut.«

»Es kann uns nichts entgehen, wir haben einen Bewegungsmelder«, grinste Stefan erheitert über Frau Mühlthalers Hightechperformance.

Frau Mühlthaler stemmte die Hände in die Seiten. »Und was ist mit den Leuten, die hinten reinkommen? Durch den Hof nebenan? Da schaut Ihr Bewegungsmelder nämlich alt aus. Man muss ums Eck bei Hausnummer 39 rein, damit man bei 41 auf den Hof kommt, früher haben die Grundstücke zusammengehört, seit der Trennung hat Hausnummer 41 keinen eigenen Hintereingang, bloß den Durchgang hinter den Aschentonnen, der ist immer offen.«

Ich traute meinen Ohren nicht.

»Was?«, rief Stefan.

»Da muss man schon mal reden mit den Leuten«, erklärte Frau Mühlthaler. »Das erfährt man nicht, wenn man bloß in der Wohnung hockt. Da muss man in den Außendienst.«

Trotz der Brisanz der Informationen konnte ich nur mit Mühe mein Lachen unterdrücken. Ich hätte die alte Dame am liebsten gefilmt, wie sie da in gespielter Entrüstung mit roten Backen im Wohnzimmer stand zwischen all den technischen Geräten in ihrer Schürze, heute im Kartoffel- und Zucchini-Look.

»Ich habe mich bei der Frau Stauder auf 39 zum Kaffee eingeladen, wie ich sie beim Arzt getroffen habe, weil ihr Mann doch seinerzeit die Hausmeisterei hatte.«

»Was für Leute kommen da rein?«, fragte ich.

»Die mit den Rucksäcken.«

»Was für Rucksäcke?«, übernahm Stefan.

»So grünbraunbeige Militärrucksäcke. Oder Seesäcke. Manche haben auch bloß Plastiktüten. Es kommen Autos, die bringen Leute hin, es kommen Autos, die holen Leute ab, Busse wie von der Polizei, aber ohne Polizei drauf. Durch die Scheiben sieht man nichts. *Reinigung aus Meisterhand* steht auf einem. Ich habe auch die Kennzeichen notiert. Zwischen 23 Uhr und 1 Uhr nachts ging es gestern zu wie in einem Taubenschlag!« Frau Mühlthaler grinste breit. »Das sind doch auch Kuriere, oder?«

AUS DEM AGENTENHANDBUCH

Warum erfuhr Stefan mehr als Andreas? Und warum erzählte Frau Mühlthaler in meiner Anwesenheit von ihren nächtlichen Ermittlungen? Nicht, weil Stefan ein cleverer Agent und ausgebuffter Vernehmungsprofi war, sondern weil er Frau Mühlthaler wertschätzend begegnete. Genauso wie ich. Darauf reagierte die alte Dame, darauf reagiert jeder Mensch. Ist das Motivation oder Manipulation? Welche Haltung nehmen wir anderen gegenüber ein? Davon hängt ab, ob wir sie ermutigen oder entmutigen.

Die richtige Motivation zu finden, entscheidet oft über Erfolg oder Misserfolg einer Sache. Das fängt beim Kinderzimmeraufräumen an, zu dem man die lieben Kleinen »überreden« möchte, und hört beim CEO noch lange nicht auf. Doch nicht jeder Mensch fühlt sich durch dieselben Argumente, Ziele oder Gefühle motiviert. Was den einen zur Höchstleistung anspornt, entlockt dem anderen nur ein vages Achselzucken oder blockiert ihn. Das ist logisch, berücksichtigt man die verschiedenen Typen und deren Handlungsmotive.

Was den Kontakter motiviert, nämlich wahnsinnig viele nette Leute kennenzulernen, schreckt den Analysten ab. Was den Macher motiviert, ist Wettkampf, davon will der Kontakter nichts wissen – denn wir haben uns doch alle lieb. Um einen Menschen erfolgreich zu motivieren, sollte man ihn ein wenig kennen. Immerhin so gut, dass man zwei wesentliche Unterschiede verifizieren kann. Die Fein- und Scharfstellung ist ein lebenslängliches Projekt der Mission Menschenkenntnis. Doch für die schnelle Einschätzung ist sie meistens nicht erforderlich. Die meisten Menschen zeigen eine deutliche Dominanz in ihrem Verhalten. Sind klar erkennbar Kontakter, Analysten oder Macher, bevorzugen Schema F oder Flex, die Lupen- oder Adlerperspektive und so weiter. Besonders in schwierigen Situationen und unter Stress treten diese Dominanzen deutlich hervor: Ein Analyst will unbedingt recht haben, ein Macher Aufmerksamkeit erstreiten und ein Kontakter ist rasch beleidigt. Es wäre fatal, wenn Agenten dieses Angebot auf dem Silbertablett ignorieren würden! Reagieren Sie also nicht auf das, was vordergründig auftaucht, sondern auf die Haltung dahinter.

So behalten Sie jederzeit den Gesprächsfaden in der Hand. Das Kapital eines Agenten liegt in der Fähigkeit, andere schnell und treffsicher einschätzen zu können. Und viel davon haben Sie sich bis hierher schon erworben.

Hin und weg

Was lockt einen Menschen an? Was findet er attraktiv? Wie motiviert er sich? Und wie motivieren wir ihn am besten?

Julian und David arbeiten beide als Sachbearbeiter in einem Büro, wenn auch in verschiedenen Städten. Die beiden kennen sich nicht, doch sie haben denselben Traum: von der Musik leben zu können. Julian spielt Bass, David Gitarre. Wie sich die beiden auf ihren Traum zubewegen, ist völlig unterschiedlich.

Julian sagt: »Ich will unbedingt ein bekannter Musiker werden, in erfolgreichen Bands spielen und von meiner Musik leben können.«

Bei David klingt derselbe Traum so: »Ich will raus aus meinem öden Bürojob.«

Hin-Typen bewegen sich auf das zu, was sie mögen.
Weg-Typen bewegen sich weg von dem, was sie nicht mögen.

Fragen Sie einen Hin-Typen, wie er sich sein Leben vorstellt, und er wird Ihnen erzählen, was er erreichen möchte.

Der Weg-Typ wird aufzählen, was er auf keinen Fall will.

Agenten sind hellhörig, und wer hellhörig ist, hört das Gras wachsen auf den Pfaden der Menschenkenntnis.

Florian und Stella sitzen auf dem bequemen Sofa in ihrer Wohnung und schauen fern. Stella langweilt sich. Sie möchte nicht schon wieder einen Abend zu Hause verbringen, sie will lieber ausgehen. Und das sagt sie auch: »Jetzt hocken wir schon drei Abende vor der Glotze bei dem tristen Programm zurzeit. Ich will hier nicht versauern. Lass uns doch mal einen Film im Kino anschauen! Ich will mal raus!«

Stella will weg. Das ist ihre Motivation. Weg von dem Sofa, raus aus der Wohnung. Stella ist ein Weg-Typ.

Florian will aber nicht weg. Stellas Einladung motiviert ihn null. Wenn er Saugnäpfe hätte, würde er sich noch fester mit dem bequemen Sofa verbinden.

Stella verstärkt ihre Bemühungen. Sie erklärt Florian, dass es nicht gut sei, wenn man jeden Abend zu Hause verbringe, auch für die Beziehung, man müsse doch mal was erleben, sie habe eine Statistik gelesen, wie wichtig es sei, nicht so viel fernzusehen. Und Florian rutscht immer tiefer in das Sofa. Gleich wird er zwischen den Kissen verschwinden.

Komisch! Bei seiner Exfreundin war das ganz anders. Mit der ist er immer gern ausgegangen. Florian hat keine Ahnung, woran das liegt. Womöglich ist Stella doch die Falsche?

Das vielleicht nicht. Aber sie kennt seine Bedienungsanleitung nicht so gut wie ihre Vorgängerin. Die wusste genau, dass sie Florian nur motivieren konnte, wenn sie seine Aufmerksamkeit auf ein Ziel lenkte. Nicht weg von einem Ort (Sofa), sondern hin zu einem Ort (Kino).

»Stell dir vor, der neue Film von Bruce Willis, auf einer riesengroßen Leinwand, mit Dolby-Surround-Sound, Popcorn und Nachos! Und danach noch ein oder zwei Cocktails – und wir sind mal wieder unter Leuten, da hätte ich Lust drauf.«

Saugnäpfe? Schon steht Florian in der Tür. Er braucht zur Motivation ein Ziel, eine Vision, eine Vorstellung dessen, wohin es geht. Das zieht ihn an. Da will er hin.

Stella nicht. Würde ihr Chef ihr vorschlagen: »Stella, was hältst du davon, in die andere Abteilung zu wechseln, da brauchen wir dringend jemanden wie dich zur Verstärkung, das wär doch was für dich, da könntest du auch dein Organisationstalent besser einbringen«, lockt er sie damit nicht. Um Stella zu motivieren, müsste ihr Chef einen anderen Ton anschlagen. »Du bist jetzt schon so lange hier, hier kennst du doch schon alles, wie wäre es, wenn ...«

Weg von einem Ort, einer Befindlichkeit, einem Zustand.

Raus aus der alten Wohnung, weg von der frustigen Beziehung, Schluss mit der öden Stimmung. Das motiviert die Weg-Typen. Die Hin-Typen wollen ein Ziel erreichen, hin zu einem neuen Ort, hin zu einer Befindlichkeit, einem Zustand, rein in eine neue Wohnung und Beziehung.

Genau das führt zu Missverständnissen, denn wer Menschen in die falsche Richtung motiviert, wird scheitern. Der Hin-Typ will eben nicht weg, er will hin! Und der Weg-Typ will nirgends hin, sondern weg von da, wo er ist.

Die Frage lautet immer: Was ist jetzt im Moment attraktiv? Womit wird der größte Reiz ausgelöst? Was verspricht ein Maximum an Engagement? Das zu wecken, ist der Sinn der Motivation. Agenten setzen sie gezielt ein, nicht nur im Umgang mit V-Leuten.

Motivation ist nicht zu verwechseln mit Manipulation, im Gegenteil. Während die Manipulation einem anderen Menschen den eigenen Willen aufzwingen möchte und zu dessen Lasten und auf dessen Kosten geht, führt die Motivation emphatisch zur höchstmöglichen Erfolgsquote. Nicht gegen einen anderen, sondern für ihn. Widerstände aufgrund falscher Ansprache werden vermieden, Ressourcen passgenau aktiviert. Was wiederum zu einem Wohlgefühl bei der betreffenden Person führt. Deshalb prägen sich Agenten diese beiden grundverschiedenen Haltungen ein. Es ist sehr leicht, sie zu entlarven.

Beide Typen verraten sich in der Art, wie sie Dinge erzählen, was sie betonen – und oft erkennt man ihre Zugehörigkeit auch an der Körpersprache. Weg-Typen nehmen häufig eine zurückgezogene Haltung ein, verschränken die Arme, machen einen eher abwartenden Eindruck. Unter Skeptikern findet man sie oft, denn ein Weg-Typ stellt nicht die Lösung, sondern das Problem in den Vordergrund, während der Hin-Typ die Probleme vor lauter Lösungsansätzen schon mal übersieht.

Wie bei jeder Klassifizierung gibt es nicht nur den reinen Hin- oder Weg-Typ, sondern auch Mischformen. Sie hängen von den jeweiligen Umständen ab. Damit Sie bei der Unterscheidung sicherer werden, nachfolgend einige Erkenntnisse aus der Observation, damit Sie in Zukunft zügig erkennen, wen Sie mit Hin oder Weg locken.

Zuhören entlarvt!

Hin-Typen reden viel davon, was sie erreichen wollen. Sie benutzen Wörter wie ermöglichen, bekommen, haben, Nutzen, Vorteile, Gewinn, Ergebnis, Erreichen.

Weg-Typen reden von Situationen, die sie vermeiden, von Problemen, denen sie aus dem Weg gehen wollen. Sie benutzen Wörter wie verhindern, vermeiden, verhüten, regeln, loswerden, sich lösen, etwas nicht mehr tun müssen, es wird keine Probleme mehr geben.

Hin oder weg?
Warum wollen Sie den Job wechseln? Damit ich diese schlechte Stimmung und den inkompetenten Chef loswerde.

Und Sie?

Damit ich bessere Chancen habe, mehr verdiene, insgesamt zufriedener bin und neue Herausforderungen kennenlerne.

Wer aufmerksam zuhört, erkennt, dass auch in der Werbung mit beiden Motivationsarten gearbeitet wird. Da gibt es die Absicherung gegen drohende Mittellosigkeit. Weg von der Angst sozusagen. Und es gibt Produkte, die locken an: ab in den Urlaub, rein in die Klamotte, für jede Zielgruppe die passende Ansprache.

Die Hin-Typen als Optimisten und die Weg-Typen als Pessimisten zu bezeichnen, wäre nicht ganz richtig, doch tendenziell trifft es zu. Denn der Weg-Typ sorgt sich mehr als der Hin-Typ. Er vermeidet Folgen, die er befürchtet, während der Hin-Typ sich optimistisch von seinem Ziel locken lässt.

In ausweglosen Situationen überwiegt die Weg-Haltung. Wenn es hart auf hart kommt, wollen wir alle bloß weg. Wer nur noch raus aus einer bedrängten Lage will, stellt das Vermeiden des unangenehmen Zustandes in den Fokus, auch wenn er oder sie sonst überwiegend ein Hin-Typ ist. Doch da meldet sich unsere Prägung. Auch Tiere suchen bei Gefahr das Weite. Aber so weit muss es ja nicht kommen.

Ein Hin-Typ ist oft so sehr auf das Erreichen seines Zieles konzentriert, dass er mögliche Gefahren ausblendet. Die Motivation, das zu bekommen, was er will, beflügelt ihn und weckt immer neue Energie. So stürmt er begeistert los – und wirkt auf andere manchmal ein wenig naiv, da er Hindernisse nicht erkennt und vielleicht gar nicht in Betracht ziehen möchte.

Ein Weg-Typ erkennt Probleme bereits, wenn sie am Horizont auftauchen könnten. Genau das motiviert ihn: Wie kann er vermeiden, dass dieser *worst case* eintritt? Solche Menschen sind durch Drohungen zu beeindrucken, die sie ja auf jeden Fall vermeiden wollen.

Für einen Hin-Typen bedeutet die Drohung nichts. In ihr findet er kein Ziel, auf das er zustrebt.

Ein Weg-Typ ist der geborene Krisenmanager. Ein Hin-Typ ist der geborene Visionär und in Forschung und Entwicklung gut aufgehoben. Aber um etwas perfekt zu machen, braucht es beide. Denjenigen, der am liebsten auf Ziele hinarbeitet, und denjenigen, der mit Begeisterung Krisen vermeidet.

Während sich der Hin-Typ auf sein Ziel konzentrieren und lange bei der Sache bleiben kann, lässt sich der Weg-Typ leichter ablenken. Ständig tauchen neue Probleme auf, er springt von hier nach da und hat vor lauter Problemen Probleme, Prioritäten zu setzen.

Probleme lauern auf jeden Fall dort, wo ein Hin und ein Weg eine Beziehung eingehen. Diese Missverständnisse müssen nicht sein, sie können relativ leicht beseitigt werden. Wer seinen Hin-Partner motivieren möchte, beispielsweise bei der Hausarbeit zu helfen, sollte die Vorteile aufzählen, die sich nach getaner Arbeit ergeben. Dann ist alles erledigt, und wir können in Ruhe entspannen, haben endlich Zeit mit Ines und Thomas etwas zu unternehmen oder können uns etwas Schönes kochen. Alles sieht aufgeräumt aus, und sollte überraschend jemand zu Besuch kommen, müssen wir uns nicht schämen.

Den letzten Satz hat die Weg-Partnerin gesprochen. Die die Gäste, sprich Probleme, frühzeitig wittert. Sie könnte folgendermaßen zur Hausarbeit motiviert werden: Dann haben wir alles Nervige erledigt, das Wochenende gehört uns, endlich klebt der Boden nicht mehr, wenn die Sonne reinscheint, stört kein Nebel auf den Fenstern und so weiter.

Wenn andere Menschen uns an ihrer Motivation teilhaben lassen, sollten wir im selben Takt bleiben, um ihren Schwung nicht abzubremsen.

Andrea freut sich: »Ich sehe es klar vor mir, wie gut mein Bericht von den Abteilungsleitern aufgenommen wird. Ich weiß genau, was ich schreiben werde. Das wird ein großer Erfolg für mich.«

Peter freut sich mit ihr: »Ja, das glaube ich auch. Und dann ist dein Schreibtisch endlich wieder frei, es liegen keine Zettel mehr rum und du hast nicht mehr so viel Stress.«

Und versteht überhaupt nicht, dass Andrea genervt aus dem Zimmer geht. Er hat ihr doch etwas Nettes sagen wollen! Ja, das wollte er, aber in Wirklichkeit hat er ihrer großen Begeisterung die Luft abgelassen. Er hat sie auf dem falschen Fuß erwischt. Andrea ist ein Hin-Typ, der nicht weg will, sondern hin. Darin sollte Peter sie bestärken, gerade bei Themen, die ihr nicht so liegen und die öfter mal zu dicker Luft führen, wie zum Beispiel einkaufen. Andrea hasst einkaufen. Wenigstens, wenn es ihr nicht schmackhaft gemacht wird.

Wenn du die Hausaufgaben nicht machst, darfst du nicht an die Playstation, wirkt bei einem Hin-Kind nicht. Die Ansage: Bring die Hausaufgaben schnell hinter dich, dann kannst du ganz toll spielen, beflügelt es.

Der Weg-Typ will endlich raus aus dem Alltag. Der Hin-Typ am Schreibtisch gegenüber konzentriert sich auf den Urlaub, da will er hin. Agenten können viel Stress vermeiden, wenn sie ihre Mitmenschen auf eine adäquate Weise ansprechen. Motivation bringt den Motor zum Laufen. Umgangssprachlich gesprochen: Tanken Sie Super in Benzinmotoren und Diesel in Dieselmotoren. Sonst stottert der Motor und nichts geht mehr. Das lässt sich vermeiden, und alle erreichen ihre Ziele bei optimalem Drehmoment!

Erfolgreiche Motivation erfordert Menschenkenntnis. Wer von sich auf andere schließt, wird auf der Strecke bleiben. Ein Macher, der glaubt, alle müssten so reagieren wie er, was bei Machern eine häufige Schwäche ist, wird scheitern, wenn er einen Analysten oder Kontakter zu motivieren versucht, wie er selbst motiviert werden möchte: mit Herausforderungen und Abwechslung. Dergestalt angesprochen, wird sich der Kontakter verweigern, der auf Zuspruch und Zuwendung setzt. Sonst fühlt er sich überfordert und entzieht sich durch Ablehnung. Auch der Analyst lässt sich durch Herausforderungen und Abwechslung nicht locken. Druck führt bei ihm schlimmstenfalls zu Rechthaberei. Man motiviert den Analysten, wenn man ihm die Sache, um die es geht, nahebringt. Bei Sachthemen kennt sich der Analyst aus und läuft zur Hochform auf.

Agenten-Eignungstest

Kennen Sie Ihre eigene Motivationsrichtung? Wollen Sie hin oder weg oder beides und wenn ja, wann was? Stellen Sie sich nachfolgende Fragen, wenn Sie nicht sicher sind:

Was war der Grund für Ihren letzten Jobwechsel – weil Sie es an diesem Arbeitsplatz nicht mehr ausgehalten haben oder weil sich eine neue Herausforderung ergeben hat?

Wieso haben Sie Ihre letzte Beziehung beendet – weil Sie nicht zufrieden oder frisch verliebt waren?

Was ist der Hauptgrund, warum Sie in den Urlaub fahren – Erholung vom Alltag oder möchten Sie etwas ganz Bestimmtes unternehmen?

Kennen Sie die Motivationsrichtung Ihrer Familienmitglieder und Freunde/Freundinnen?

Ändern Sie mal die Richtung. Und lassen Sie sich überraschen.

Nicht nur bei Bekannten, sondern auch bei Fremden: Finden Sie heraus, was andere Menschen anspornt, und freuen Sie sich mit ihnen über ihr kraftvolles Engagement, das sich immer dann entfaltet, wenn wir genauso ticken dürfen, wie wir ticken wollen.

BUNDESWEITE BEDEUTUNG FÜR DIE TASSE

Tag fünfzehn, Dienstag, 12. Oktober

Als ich am nächsten Morgen unser Stockwerk betrat, merkte ich sofort, dass etwas geschehen war. Sabine kam mir strahlend entgegen, obwohl sie übernächtigt wirkte.

»Hast du endlich mal ausgeschlafen?«, fragte ich, wohl wissend, dass das nicht der Fall sein konnte. Nachdem ich in der Nacht ergebnislos den neu entdeckten Durchgang zum Hinterhof des Reisebüros überwacht hatte, leistete ich mir den Luxus, erst um 9 Uhr aufzutauchen.

»Komm!«, lachte sie.

In ihrem Büro fielen mir als Erstes zwei neue Gesichter an der Pinnwand auf. Sabine hatte schon Linien gezogen. Zu Bülent. Und dann waren da über Nacht noch ein paar Städte aus dem Boden geschossen. Berlin, Stockholm, Göteborg. Und noch etwas schoss aus dem Boden. Ein Fragezeichen. Direkt in mein Gesicht. Sabine genoss das. Diese Runde ging an sie. Die letzten beiden waren an mich gegangen, als ich lange vor ihr im Büro gewesen war. Wortlos deutete sie auf den Tisch. Dort lag ein Dutzend Fotos.

»Schön«, sagte ich. »Und wer ist das?«

Der SGL kam herein, händereibend. Das durfte doch nicht wahr sein! Einmal kam ich um neun – und dann so deutlich zu spät.

»Ich weiß es auch erst seit fünf Minuten, Leo«, blinzelte er mir zu. »Sabine hat eine Nachtschicht hingelegt, nachdem sie gestern ziemlich spät den Observationsbericht von Stefan erhalten hat.«

Theresia Mühlthalers operative Aktivitäten hatten unsere Perspektive erweitert – nicht nur durch die Autokennzeichen, die sie notiert hatte. Eigentlich hatte sie es nicht erzählen wollen, noch nicht. Doch Stefan hatte es ihr an der Nasenspitze angesehen. Er kannte die alte Dame mittlerweile recht gut und ließ nicht locker, bis sie ihm verriet, dass sie auf ihre eigene Art Erkundigungen eingezogen hatte. Schon seit Tagen. Und nicht nur mit dem geliehenen Fernglas. Frau Mühlthaler war beeindruckend clever vorgegangen. Zum Beispiel, indem sie für die Hausmeisterwitwe Frau Stauder, die schlecht zu Fuß war, eingekauft hatte. Niemand wunderte sich über die alte Dame, die mehrmals täglich in das Nebenhaus von Sarai-Reisen ging und unauffällig einem Herrn im Anzug zu seinem zwei Straßen entfernten Wagen folgte. Niemand achtete auf die alte Dame mit dem braun-grau karierten Einkaufswagen auf Rollen im Schlepptau.

»B-SE, wie die Seuche«, hatte sich Frau Mühlthaler eine Gedächtnisbrücke gebaut, um sich das Autokennzeichen zu merken. Und die drei Ziffern passten zu dem Geburtstag ihres verstorbenen Mannes. Mit einer uralten analogen Canon Kleinbildkamera, Typ Snappy 50, hatte sie sogar ein verwackeltes Foto von Fahrer und Fahrzeug geschossen.

Sabines Halterabfrage hatte einen Suchvermerk des BKA ergeben: ausgeschrieben zur polizeilichen Beobachtung. Das bedeutete, das BKA war dran. Am Fahrzeug, dessen Halter oder Nutzer. Keinerlei Hintergrundinformationen. Doch es musste irgendetwas von nationaler Bedeutung sein. Mit direkter Verbindung zu unserem Reisebüro?

»Wer nimmt Kontakt zum BKA auf?«, fragte der SGL mit Blick in meine Richtung.

»Ähm, ja«, antwortete ich.

»Super«, nickte Sabine. »Ein Fax habe ich vor zehn Minuten schon geschickt. Dann spar ich mir den Anruf und hol mir noch einen Kaffee.«

»Wie viele Liter hast du eigentlich schon intus?«, fragte ich sie.

Die Antwort blieb sie mir schuldig.

Ich holte mir auch einen Kaffee und rief beim BKA an.

»Ihr habt das Fahrzeug von einem Erdogan Yilmaz aus Berlin zur Beobachtung ausgeschrieben. Es ist in München aufgetaucht.« Dass wir nicht nur das Fahrzeug festgestellt, sondern auch ein Foto des Fahrers hatten, hielt ich noch zurück. Erst mal hören, worum es denen eigentlich ging. Und es ging um viel, wie ich dem Gestottere meines Gesprächspartners entnahm, dessen konkreteste Aussage lautete: »Wir brauchen jede Information, weil Erdogan Yilmaz unserer Einschätzung nach ein Hochkaräter in einem laufenden Fall ist. Leider kann ich nicht sagen, worum es geht. Auskunftssperre!«

Nicht nur wir vom Geheimdienst schotten unsere Ermittlungen aus taktischen Gründen ab. In erster Linie geht es dabei nicht um böswilligen Verrat und Sabotage, sondern darum, den Erfolg eines Verfahrens nicht durch unachtsamen Informationsabfluss oder Kommunikationsfehler zu gefährden. Die organisierte Kriminalität hat Ohren an Stellen, an denen man sie niemals vermuten möchte.

»Geht es vielleicht um Schleusungen und Menschenhandel?«, fragte ich direkt.

Stille. Nach einer Weile fragte mein Gesprächspartner mit belegter Stimme: »Wie kommen Sie darauf?«

Nun schwieg ich. Schließlich bat mich der Kollege des BKA, zeitnah einen kurzen Bericht mit allen relevanten Feststellungen zu schicken. Kurz darauf war das Telefonat beendet. Ich hatte wenig erfahren, er hatte wenig erfahren. Ein typischer Erstkontakt in unseren Kreisen.

Fünfzehn Minuten später rief der SGL Sabine und mich in sein Zimmer: »Das BKA hat sich gerade gemeldet. Sie schicken zwei Kollegen, die um die Mittagszeit hier eintreffen werden.«

»Dann scheint der Fall für die noch wichtiger zu sein als ich vermutet hatte«, freute ich mich. Die Eile verriet die Brisanz der Lage.

Bekümmert schüttelte der SGL den Kopf. »Und das gerade heute, wo der AL nicht im Haus ist. Er hätte die Herren vom BKA bestimmt außerordentlich gerne persönlich begrüßt.«

»Innenministerkonferenz?«, fragte Sabine.

Der SGL nickte.

»Ja, da ist er natürlich schwerbeschäftigt, für das Haus die richtigen Weichen zu stellen.«

»Und für seine B3«, schob Sabine hinterher. Sie sah nicht gut aus, gar nicht. Eher wie ein Gespenst, was ihr selbst bewusst war.

»So kann ich mich bei den Kollegen vom BKA nicht blicken lassen. Ich tauch mal ab.«

»Tu das«, erwiderte ich.

In der Tiefgarage stand eines unserer Wohnmobile, das wir gelegentlich für eine kurze Siesta nutzten, wenn es nicht für Observationszwecke im Einsatz war. »Ich tauch mal ab« bedeutete, dass Sabine genau das nun tun würde.

»Ich hol dich rechtzeitig«, sicherte ich ihr zu.

Sie wollte etwas sagen.

Ich war schneller. »Klar. Mit einem Becher Kaffee. Keine Milch, kein Zucker. Schließlich will ich vermeiden, dass dein Koffein-Notlicht flackert.«

Das Klingeln meines Handys beendete unser Gespräch.

Es war Tichow. »Ich hab was«, begrüßte er mich. »Wann hast du Zeit? Bei mir geht's jetzt sofort oder abends.«

»Dann abends.«
»Möchtest wirklich so lange warten?«
»Kann ich denn warten?«, fragte ich.
»Musst du wissen.«
»Jetzt sag schon!«
»Hat Zeit bis abends.«

BKA im Anzug

»In zehn Minuten ist das BKA da«, teilte mir der SGL mit. »Eben haben sie die Allianz Arena passiert.«

Ich holte einen Kaffee für Sabine und brachte ihn in die Garage. Sabine sah bedeutend besser aus als vor drei Stunden. Die vom BKA hatten aufs Gas gedrückt.

Erdogan Yilmaz schien außerordentlich wichtig für sie zu sein. Die nächste Dringlichkeitsstufe hätte die Abgesandten vermutlich mit dem Hubschrauber zu uns gebracht. In was für ein Wespennest hatten wir da gestochen?

»Alles reine Routine«, erklärte einer der beiden BKA-Mitarbeiter, die standesgemäß in Anzug und Krawatte auftauchten. Sabine und ich baten die Herren in unseren Konferenzraum im Erdgeschoss. In diesem Bereich würden sie außer dem Sicherheitspersonal keinen einzigen Mitarbeiter des Geheimdienstes zu Gesicht bekommen, nur diejenigen, die an der Besprechung teilnahmen. Niemals würden wir Gäste durch unsere Gänge und Büros führen. Auch der Pizzadienst wurde am Haupteingang bezahlt. Auf dem Tisch im Besprechungszimmer standen Kaffee und Plätzchen vom Discounter bereit.

»Meine Herren, wir sind neugierig«, eröffnete der SGL die Besprechung.

»Reine Routine«, wiederholte einer der beiden, was er bereits gegenüber Sabine und mir beteuert hatte.

»Wenn es reine Routine wäre, hätten Sie ein Fax geschickt«, konterte der SGL augenzwinkernd. Er war ein altgedienter Agent, lange Jahre undercover im Außendienst, mit allen Wassern gewaschen und ein absoluter Profi in Sachen Vernehmung – ob bei Kriminellen oder Kriminalisten.

»Sie waren schneller hier als jedes Fax hätte sein können«, ergänzte er.

»Ja, eine ziemlich gute Zeit, und das bei dem Verkehr«, meinte einer der beiden sichtlich stolz auf die deutlich unter vier Stunden Fahrzeit von Wiesbaden nach München.

Nachdem jeder sich und seinen Arbeitsbereich in kurzen Worten vorgestellt hatte, war klar, aus welcher Richtung der Wind wehte. Die Kollegen vom BKA kamen aus der Abteilung SO, dem Bereich für schwere und organisierte Kriminalität, der eine von SO 13, dem Referat für Menschenhandel, der andere von SO 14, dem Referat für Schleusungskriminalität.

»In diese Richtung ermitteln wir hier auch«, nahm der SGL den Faden auf. »Momentan fischen wir noch im Trüben. Die Indizien verdichten sich mit jeder Woche, die vergeht, die heiße Spur fehlt uns noch.«

Die BKA-Kollegen wechselten kurze Blicke.

»Unsere Zielperson betreibt ein Reisebüro hier in München. Laut Quellenmeldungen sollen über diesen Laden Schleusungen in größerem Umfang abgewickelt werden. Wir hatten mehrere heiße Hinweise, haben daraufhin mit der Bundespolizei zwei Razzien durchgeführt und beide Male ins Klo gegriffen. Wir können die Situation noch nicht einordnen. Euer Erdogan Yilmaz ist uns jetzt das erste Mal aufgefallen.«

Wieder wechselten die BKAler kurze Blicke.

Sabine legte das Mühlthaler-Foto von Erdogan und seinem Fahrzeug auf den Tisch. Die beiden beugten sich darüber. »Ja, das ist er.«

Der SGL sah mit leerem Blick auf das Foto und machte eine Pause. Für uns das klare Zeichen, auch zu schweigen.

Schließlich brach der jüngere der beiden BKA-Mitarbeiter die Stille. Zwei zu null für den SGL.

»Wir ermitteln seit vierzehn Monaten gegen einen international operierenden Ring von Menschenhändlern. Erdogan Yilmaz spielt dabei eine tragende Rolle. Er ist die rechte Hand vom Blutigen Boran, einem gefürchteten Schleuserboss in Istanbul. Erdogan gilt als sein Krisenmanager. Er taucht immer dort auf, wo es brennt, schafft klare Verhältnisse und verschwindet wieder. Wegen ihm dürfte Boran seinen Beinamen haben. Die Organisation hat sich ein dichtes und ausgeklügeltes Netzwerk geschaffen und legale mit illegalen Aktivitäten verflochten. Reisebüros, Busunternehmen, Transport- und Logistikwesen, Import-Export. Auffällig ist, dass sich alle führenden Köpfe kulturell und sozial engagieren. Erstaunlicherweise nicht in medienträchtigen Vorzeigeprojekten, sondern an der Basis. Mit verdeckten Ermittlern und Informanten beißen wir auf Granit. Wir haben festgestellt, dass die Organisation ganz bewusst falsche Informationen streut, um ihre Mitglieder ständig zu überprüfen und die Ermittlungsbehörden zu täuschen. Unserer Einschätzung nach spielt München eher eine Nebenrolle – wenn überhaupt. Für uns sind Sie hier ein weißer Fleck auf der Landkarte, also fallbezogen. Keine Aufgriffe. Nichts. Und jetzt erscheint dieser Typ hier?«

»Interessant«, kommentierte der SGL.

»In welchem Zusammenhang haben Sie Erdogan Yilmaz festgestellt?«

»Er tauchte bei unserer Zielperson auf, für wenige Minuten, und verschwand dann wieder.«

»Was hat er dort gemacht?«

»Wenn Sie richtigliegen: klare Verhältnisse geschaffen oder eine Krise gemanagt? Wir wissen es nicht. Es muss am Samstag gegen 13 Uhr gewesen sein. Er war im Büro unserer Zielperson, hat das Objekt durch den Hinterhof des Nebengebäudes verlassen, ist in das Ihnen bekannte Fahrzeug gestiegen und weg war er. Eine weitere Überwachung hat nicht stattgefunden.«

»Wir müssen jedes Detail wissen. Jede Kleinigkeit kann uns helfen. Sie haben ein Observationsfoto. Warum sind Sie nicht drangeblieben?«

Ich schaltete mich ein: »Wir haben das Foto und die Information erst gestern Abend bekommen.«

Wieder BKA-interne Blickwechsel. »Wer hat das Foto gemacht? Wir würden gerne mit ihm sprechen«, ließen sie uns wissen.

Jetzt wechselten Sabine und ich Blicke.

»Jedes Detail ist für uns wichtig«, legte einer der beiden nach.

Ich schluckte. Auch der SGL und Sabine sagten nichts.

»Jedes Detail ist wichtig für uns. Je mehr wir wissen desto besser. Auch Dinge, die Ihnen nebensächlich vorkommen«, wiederholte er.

»Die Information stammt von einem verdeckten Ermittler«, sagte ich mit ruhiger Stimme, während Theresia Mühlthaler in ihrer Zucchini-Kartoffel-Schürze mit baumelndem Fernglas an der Brust vor meinem inneren Auge auftauchte. »Er lebt unter Legende, und aus verständlichen Gründen werden wir ihn nicht offenbaren.«

»Ein Telefonat ist doch sicher machbar?«, fragte der BKA-Mitarbeiter.

»Ein direkter Kontakt ist nicht möglich!«, machte der SGL resolut klar.

»Ich werde jedes Detail für Sie in Erfahrung bringen. Sie haken so lange nach, bis Sie sich bestens informiert fühlen«, bot ich an. »Aber lassen Sie uns doch erst mal gemeinsam die Lage bewerten.«

Zwei Stunden später verabschiedeten wir uns mit der Vereinbarung zum weiteren gegenseitigen Informationsaustausch.

Der SGL bat Sabine und mich zu einer Telefonkonferenz mit dem AL, den er zwischenzeitlich über das Treffen mit dem BKA informiert hatte. Auf dieser Ebene stellt jeder außerplanmäßige Behördenkontakt ein meldepflichtiges Ereignis dar.

Garantiert glänzte auf der Stirn des AL Schweiß, vor lauter Aufregung. Seine Stimme klang eine Spur höher als gewöhnlich, während er uns an seinem großen Erfolg teilhaben ließ. »Ich wusste es. Vom ersten Moment an. Da sind wir an einer ganz großen Sache dran. Auf keinen Fall werden wir uns die Butter vom Brot nehmen lassen. Das war von Anfang an unser Fall. Der Tatort ist schließlich bei uns, hier bei uns werden die Informationen gezogen. Ich habe bereits den Innenminister informiert und ihm angedeutet, dass er demnächst mit einem entsprechenden Bericht rechnen kann. Machen Sie weiter so! Volle Konzentration!«

»Und wir haben die Zeit, die wir brauchen?«, konnte Sabine sich nicht verkneifen zu fragen.

»Selbstverständlich. Das steht bei einem solchen Fall nicht zur Debatte. Und sollten Sie zusätzliche Mittel brauchen …«

»… melden wir uns sofort«, schaltete ich mich ein und dann ab.

Obwohl Sabine eigentlich nach Hause wollte, recherchierte sie noch zwei Stunden in alten Akten, die mangels verwertbarer Erkenntnisse kurz vor der Vernichtung standen. Die entsprechenden Datensätze waren bereits gelöscht. Der Hinweis auf das auffällig soziale und kulturelle Engagement der BKA-Zielpersonen weckte ihre Neugier. Auch hier in München machten die Kriminellen in Kultur, wie sich zeigte. Unter diesem Aspekt filterte Sabine das Sarai-Umfeld nochmals und stellte fest, dass ein Großcousin von Bülent der Vorsitzende eines regional sehr aktiven Kulturvereins war. Aber er war auch in anderer Hinsicht ein dicker Fisch. Nicht als Schleuser, sondern als Zuhälter. Wobei ihm nie etwas nachgewiesen werden konnte. Die Kollegen vom Polizeipräsidium München waren jedoch sicher, dass er junge Frauen zur Prostitution zwang, um ihren Schleuserlohn abzuarbeiten. Sie hatten zwei Frauen aus einem Kellerloch befreit. Doch der Großcousin musste aus der Untersuchungshaft auf freien Fuß gesetzt werden, weil drei Prostituierte vor Gericht behaupteten, dass ihre gegenüber der Polizei gemachten Zeugenaussagen nicht stimmten. Sie wären von der Polizei zu diesen Angaben genötigt worden. »Die einzige Zeugin, die dennoch gegen ihn ausgesagt hätte, die Mutter eines verschwundenen Mädchens, beging auf ungewöhnliche Art Selbstmord«, ließ Sabine mich wissen. »Sie hatte einen tragischen Badeunfall.« Sabine zog eine Augenbraue hoch. Ein Zeichen für mich, dass jetzt etwas sehr Spezielles folgen würde.

Ich schaute sie fragend an.

»Sie hat ihre Fesseln nicht abgenommen, bevor sie ins Wasser ist«, erklärte Sabine.

Der SGL, der gerade in unser Büro kam, schüttelte den Kopf. Er mochte es nicht, wenn sich Sabine so makaber ausdrückte. Aber sie brauchte das von Zeit zu Zeit.

Und sie hatte noch mehr. »Ein ehemaliger Vorstand desselben Kulturvereins war vor vier Jahren in einen außergewöhnlichen Schleusungsfall verwickelt. Damals handelte es sich um eine Containerschleusung.«

Ich erinnerte mich sofort. »Auf dem Auflieger eines Lkws befand sich ein Schiffscontainer mit sechzig Asiaten. Sie waren nach Europa verschifft worden. Zwischen Playstations, Flat-Screens und Reiskochern in einem Container. Wochenlang hatten sie kein Tageslicht gesehen. Viele von ihnen waren dehydriert und in einem erbärmlichen Gesundheitszustand. Als die Polizei den Container damals aufgrund eines anonymen Hinweises kontrollierte und die Geschleusten aus ihrem Stahlkäfig befreite, entdeckte sie zwei Leichen.

Auch der SGL erinnerte sich. Der Fall hatte in den Medien zu etlichen Schlagzeilen geführt. In solchen Situationen musste sofort zugegriffen werden. Erst mal abwarten, weiter verdeckt ermitteln, um an die Hintermänner zu kommen, scheidet aus. In einem Rechtsstaat wird abgewogen. Ermittlungserfolg gegen Menschenwürde. Hier kann es nur eine Entscheidung geben: den Transport stoppen und die Geschleusten versorgen.

Diesmal würden wir die Hintermänner schnappen. Vielleicht den Blutigen Boran und seinen Statthalter Erdogan. An Sabines Blick konnte ich klar ablesen, dass sie derselben Überzeugung war. Diese Aussicht motivierte sie. Deshalb blieb sie dran. Und wirkte immer wacher. Das Blatt hatte sich gewendet. Sarai-Reisen schien wahr zu machen, was in verblasster Schrift auf der Eingangstür prangte: Mit uns erreichen Sie Ihre Ziele.

Kriminelle Kultur

Ich war gespannt, was Tichow mir Wichtiges zu erzählen hatte. In der Nähe eines Kinderabenteuerspielplatzes, wo wir uns schon einige Male getroffen hatten, kam er mit strahlendem Gesicht auf mich zu. Mir schwante, dass sein Mitteilungsbedürfnis auch private Gründe hatte.

»Gestern Abend habe ich dich verflucht. Tausend Mal zur Hölle habe ich dich geschickt. Ohne Umweg, hey. Mit Vollgas!«, sprudelte er los. Diese Wortfolge hatte ich schon öfter von ihm gehört. »Klargemacht habe ich die Alte. Die lag schon da. Und dann kein Gummi, verdammt!«

»Und für deine Dummheit wolltest du mich in die Hölle schicken?«, fragte ich erstaunt.

Tichow deutete mit ausgestrecktem Zeigefinger auf mich. »Zur Hölle, hey. Dir habe ich mein letztes gegeben!«

Grinsend erinnerte ich mich an die Szene von neulich. »Und jetzt hast du mich angerufen, um mir das zu erzählen? Magst es zurück?«

»Nein, kannst du behalten. Jetzt ist eh zu spät. Gestern habe ich Sophia aus dem Casino nach ihrer Schicht nach Hause gefahren. Um viertel nach eins, halb zwei. Hat sie gefragt, ob wir noch DVD schauen. Klar, hab ich gesagt. Und dann mit Wodka abgefüllt. Endlich war es so weit. Sagt sie, nimmt keine Pille, und ich bin ja nicht kompletter Idiot. Die hat auch nix dagehabt. Dann sag ich, wart und geh vor zur Tankstelle an Landsberger Straße. Komm zurück. Und die schläft! Krass, oder? Jetzt habe ich drei Wochen abgecheckt. War kurz davor zu knacken. Und die schläft einfach. Nix zu machen. Keine Chance. Und du bist schuld!«

Wortlos streckte ich ihm sein Kondom entgegen, das immer noch in der Brusttasche meiner Lederjacke steckte.

»Kommt nicht wieder vor«, sagte ich betont gleichgültig, als er es mir gespielt wütend aus den Fingern riss. Und wollte dann trotzdem wissen: »Und wie isses ausgegangen?«

»Ich bin ausgegangen. Glaubst du, ich schau der beim Schlafen zu?«

»Und was willst du mir eigentlich damit sagen?«, versuchte ich ihn auf die Spur zu bringen, die mich interessierte.

»Hat sie mir SMS geschickt heute Morgen. Sich für schönen Abend bedankt, schönen Abend!« Tichow griff sich an den Kopf. »Die spinnt! Hat sie mich eingeladen zu Kaffee. Habe gedacht, vielleicht jetzt. Ist sie ausgeschlafen. Morgens ist eine gute Zeit.« Er lachte. »Immer ist eine gute Zeit.«

»Weiter«, forderte ich ihn auf. Obwohl er noch nichts für mich Wesentliches erzählt hatte, spürte ich förmlich, wie die Spannung stieg. Wir waren kurz vor … ja, wovor eigentlich?

»Fahre ich wieder hin, mit Zehnerpack am Start, Kaffee ist schon fertig. Okay, denk ich, erst mal Kaffee. Dann klingelt es an der Tür. Bleib da, sage ich. Da schiebt sie mich ins Schlafzimmer. ›Ist wichtig‹, sagt sie. ›Job‹. Aber dann streitet sie mit einem Typen.« Tichow hob die Arme zum Himmel. »Weißt du, Leo, mir egal, was andere Leute für Geschäfte machen. Muss ich nicht wissen. Aber wenn die so brüllen!« Er zuckte mit den Achseln.

»Ja, da wird man manchmal echt in Sachen reingezogen, mit denen will man wirklich nichts zu tun haben.« Bedauernd schüttelte ich den Kopf, schaute Tichow an: »Und was für Sachen?«

»Fotos.«

Es kostete mich Mühe, an mich zu halten. Bitte jetzt keine Billig-Nacktmodel-Geschichte.

»Passfotos«, präzisierte Tichow genüsslich.

»Was?«

»Der Typ hat sich beschwert, dass Sophia beim letzten Mal keine guten Leute gefunden hat. Er hat eine Bestellung aufgegeben.

Braucht drei Männer und eine Frau. Hat ein Kuvert auf den Tisch gelegt. Und später, also weißt du, Leo, viel später …«, er machte eine Kunstpause.

»Ich versteh schon«, versuchte ich einen Quickie.

»Also noch viel später, Leo«, er grinste. »Ist Sophia gegangen in Bad. Da habe ich das Kuvert angeschaut. Konnte ich nicht glauben, Leo.«

Er zog sein Handy aus der Jackentasche. »Schau, Leo. Sophia ist ein Engel!«

Ich ahnte, was er mir zeigen wollte, und warf einen kurzen Blick auf das Display. Eine schlafende, vermutlich falsche Blondine, offener Mund. »Nein danke.«

»Das war noch in der Nacht. Aber dann …« Er klickte weiter, und ich blickte, eher aus einem Reflex, auf sein Handy. Und dann riss ich die Augen auf. Tichow grinste breit.

»Was ist das?«, fragte ich.

»Pässe«, erwiderte er. »Vier Stück, drei Männer, eine Frau. Ein Kurde, ein Iraker, zwei Türken, verheiratet.«

»In dem Kuvert befanden sich vier Pässe?«, versicherte ich mich.

Tichow nickte. »Alle mit Berechtigung für Aufenthalt. Sophia war sehr lange im Bad. Weißt du, ganze Schminke verwischt. Musste sie alles neu machen. Mir war langweilig. Habe ich ein bisschen rumgeschaut. Nicht geschnüffelt!« Er legte beide Hände auf seine Brust und beteuerte: »So etwas würde ich nie tun.«

»Niemals«, bestätigte ich.

»Ich wollte ein Glas Wasser trinken«, berichtete er. »Also habe ich Schrank geöffnet in Küche. Und da sehe ich die Papiere.«

Tichow klickte weiter und hielt mir sein Handy so dicht vor die Augen, dass ich nichts erkennen konnte. Ich stellte den Abstand lesbar ein, schaute mir das Foto an und fragte: »Was sind das für Papiere?«

»Liegen in Küchenschrank. Neben anderen Pässen. Noch mal sechs Stück – auch mit Berechtigung für Aufenthalt. Papiere sind

Anträge vom türkischen Kulturverein. Und Fotos von Leuten. Kenne ich nicht. Habe aber mal rumgefragt«, ließ Tichow mich wissen. »Der Kulturverein hilft den Türken hier bei Behördengängen, Einbürgerungsverfahren, Gewerbeanmeldungen, Arbeitserlaubnissen, Eheschließungen, Beantragung von Kindergeld und viel mehr. Gute Sache, Leo. Da hätten sich meine Eltern gefreut, wenn sie solche Hilfe bekommen hätten. Es ist ganz einfach, wenn du Hilfe willst, brauchst du nur Mitglied werden. Kurz Formular unterschreiben und fertig. Die nehmen dann Vollmacht, deinen Pass und machen alles weitere.«

»Die nehmen den Pass?«, wiederholte ich verblüfft.

»Ja. Kriegst du wieder nach paar Tagen. Manchmal dauert länger. Aber kriegst du immer zurück. Sicher. Bülent ist im Verein. Hat fünf Leute, die für ihn laufen.«

»Laufen?«

»Mitglieder suchen. Weißt du, Leo, kann nicht jeder Mitglied werden einfach so. Besser, wenn er ausschaut wie einer von Foto.« Tichow zwinkerte mir zu.

Das letzte Puzzlestück fiel auf seinen Platz. Das war der Modus Operandi! So einfach und doch so genial! Die arbeiteten mit echten Pässen! Keine Topfälschungen! Alles echt! Bei den Fotos genügte eine relative Ähnlichkeit, klar. Und wir waren nicht darauf gekommen! Das war … zu einfach für den Geheimdienst!

Von denjenigen, die illegal einreisen wollten, wurden Fotos nach Deutschland geschickt, und dann suchte man hier gezielt nach Leuten im Besitz eines gültigen Passes, die ihnen einigermaßen ähnlich sahen. Unter dem Deckmantel kultureller und sozialer Hilfestellung. Die Pässe wurden per Post oder Kurier nach Istanbul gesandt, die illegal Einreisenden passierten damit problemlos alle Grenzen, klar, die Pässe waren ja echt, gaben die Dokumente hier wieder zurück und fertig.

Das Tauschen von Ausweispapieren ist ein klassischer Modus Operandi im engsten Familienkreis oder unter Freunden … im kleinsten privaten Kreis, in dem man sich kennt und vertraut. Für Kavaliersdelikte ohne wirklich großes Risiko. Beispielsweise wenn die neunzehnjährige Sandra ihrer sechzehnjährigen Schwester Michaela den Personalausweis leiht, damit diese auch nach Mitternacht in der Dorfdisco abtanzen kann. Hier jedoch handelte es sich offensichtlich um eine Organisation, die diese Methode professionalisiert hatte. Die sich ein Netzwerk geschaffen hatte, um die Ausweispapiere vermutlich ahnungsloser Opfer für ihre illegalen Zwecke zu missbrauchen. Im ganz großen Stil. Eine überaus erfolgreiche Masche. Keine Kontrolle konnte ihr etwas anhaben. Die Schleuser konnten teure Garantieschleusungen anbieten und abrechnen. Mit einem echten Pass klappte die Einreise auf Anhieb.

Ich konnte es kaum erwarten, Sabine und den SGL zu informieren. Den nächsten Bus würde die Bundespolizei kontrollieren und diesmal würde sie nicht nur die Fotos in den Pässen mit den Inhabern vergleichen, sondern auch gezielt Fragen bezüglich der Lebensumstände stellen. Und diese überprüfen …

Haben Sie Geschwister?

Wie heißen Ihre Eltern?

Wo wohnen Sie?

Wie sieht Ihr Haus aus?

Wie heißt Ihr Nachbar?

Seit wann leben Sie in Deutschland?

Wie lautet Ihre Telefonnummer?

So würden die vermeintlichen Passinhaber schnell auffliegen. Denn sie wären ja keine Agenten, die sich wochenlang auf ihre Legende vorbereiteten. Das BKA würde Augen machen. München – ein weißer Fleck auf der Landkarte?! Eher ein ganz, ganz dunkler. Reine Routine? Ab sofort, ja!

Tichow legte seine Hand auf meinen Unterarm, als hätte er meine Gedanken gelesen. »Sophia weiß das nicht. Für sie das mit Kulturverein ist Nebenjob. Sophia macht, was man ihr sagt. Fragt nicht. Sophia ist …«, er schnalzte mit der Zunge. »Geil, aber dumm wie Brot.«

»Das glaube ich nicht«, widersprach ich.

»He, he, he! Willst du ausprobieren?«

»Wer andere dazu bringt, den Pass abzugeben, hat was auf dem Kasten.«

»Dumm wie Brot«, wiederholte Tichow.

»Dazu gehört ziemlich viel Menschenkenntnis«, sagte ich, verzog mein Gesicht zu einer kummervollen Miene und fragte ihn: »Bist du sicher, dass sie dich nicht durchschaut?«

Einen Moment lang war er tatsächlich verunsichert. Und ich auch, wie so oft, wenn ich mir bewusst mache, dass die andere Seite nicht schläft. Dass sie mit denselben Methoden arbeitet wie wir.

Es gehört fundierte Menschenkenntnis dazu, jemandem, der vielleicht sehr lange auf seinen deutschen Pass warten musste, das Ding, wenn auch nur kurzfristig, abzuschwatzen. Das reicht schon in den Bereich strategischer Kommunikation hinein, und ohne eine solide Vertrauensbasis geht da gar nichts. Die muss man klug und mit sensibler und breit gefächerter Menschenkenntnis aufbauen. Wer weiß, wie er selbst tickt, weiß auch, wie andere ticken: nämlich anders. Jeder Mensch ist anders. Ein Macher will anders für den Kulturverein umworben werden als ein Schema-F-Typ. Ein Weitwinkler braucht ein anderes Sichtfenster als der Lupentyp. Ein Kontakter fühlt sich in einem anderen Gesprächsklima wohler als ein Analyst. Ein Hin-Typ braucht eine andere Motivation, um den Kulturverein zu unterstützen, als ein Weg-Typ. Wer diese Unterschiede nicht beherzigt, wird wohl kaum Mitglieder werben, ob für den Kulturverein oder als Fans für sich selbst. Im Grunde genommen arbeiten wir alle mit denselben Tricks, die einen besser, die anderen schlechter. Doch als Agenten sollten wir immer einen Schritt weiter sein als die Gegenseite, damit wir sie durchschauen, bevor wir durchschaut werden.

AUS DEM AGENTENHANDBUCH

Analyse auf den ersten Blick

In der Regel haben Agenten nicht alle Zeit der Welt, besonders in gefährlichen Situationen müssen Entscheidungen in Sekundenbruchteilen gefällt werden. Auch im Alltag sind wir häufig aufgerufen, sehr schnell zu entscheiden. Ein kleiner Fehler in der Kommunikation – und eine Chance ist für immer verglüht. Umso wichtiger ist es, andere Menschen rasch und treffsicher einschätzen zu können. Das gilt nicht nur für uns, sondern auch für die andere Seite. Die schläft nicht, das kann ich Ihnen versichern. Insofern: Bleiben Sie dran!

Sie müssen andere nicht gut kennen, um sie beurteilen zu können. Manchmal ist das sogar eher hinderlich, weil sich dann gewisse, auch falsche Eindrücke festgefahren haben können. Das werden Sie selbst feststellen, sobald Sie mit den im Agentenhandbuch erworbenen Kenntnissen zum Beispiel auf eine Party gehen, an einem Geschäftsessen teilnehmen, beim Schulfest Ihren Kindern im Chor die Daumen drücken. Wo immer sich Menschen versammeln, versammeln sich auch die verschiedensten Typen. Sie brauchen nicht einmal mit ihnen zu sprechen. Agenten entlarven sie an der Art, wie sie sich verhalten, wo sie stehen, wie sie sich bewegen, wie sie kommunizieren. Fast ist es so, als würden andere eine Fahne schwenken. Darauf sind alle wichtigen Informationen gedruckt, die wir benötigen, die uns interessieren und die wir abschöpfen, wenn dies für unsere Mission erforderlich ist.

Wer steht denn da hinten in der Ecke, ganz allein, und hält sich an seinem Teller fest? Den Blick auf Krabbensalat und Kanapee gerichtet, scheint er niemanden wahrzunehmen. Irgendwie erinnert er an einen, der bestellt, aber nicht abgeholt wurde. Der wird so in seiner Ecke bleiben, bis jemand ihn anspricht. Er wird sich gern ansprechen lassen, weil er selbst so etwas nie tun würde als Analyst. Ihm sind Sie sicher willkommen. Okay, sollten Sie auch ein Analyst sein, müssen Sie sich schon einen Ruck geben. Aber als Agent ist das Ihr tägliches Brot. Und ganz gewiss lassen Sie sich nicht abschrecken von dem ernsthaften Eindruck, den der Gast, der so gar nicht nach Party ausschaut, macht. Vor allem nehmen Sie das nicht persönlich. So handelt ein Analyst eben.

Sollte dieser zurückhaltende Eckensteher Ihnen gar keinen Anknüpfungspunkt bieten, weil er immer nur auf seinen Teller starrt, zücken Sie Plan B: Sie suchen sich einen Kontaktmann oder eine Kontaktfrau. Es sollte genügen, einen Kontakter kurz auf die Person in der Ecke aufmerksam zu machen, schon ist er dort. Einem Kontakter fällt so etwas leicht. Er zieht andere in Gespräche, er verbindet Menschen miteinander und flattert weiter in die nächste Runde. Tiefsinnig muss es nicht sein, aber nett und angenehm. Alle fühlen sich wohl in seiner Gegenwart.

Ein Agent scannt die Lage auf den ersten Blick. Und dann verfeinert er seine Wahrnehmung und entwickelt eine Strategie für den Umgang mit dem entsprechenden Menschen. Angenommen, Sie wollten den Analysten als V-Mann anwerben. Wie würden Sie vorgehen? Oder stellen Sie sich vor, dort hinten an der Säule lehnt die Frau oder der Mann Ihrer Träume. Da überlegen Sie sich doch eine Strategie! Ist das Manipulation? Nein: hohes Einfühlvermögen gepaart mit klugem Verhalten.

Wollen Sie sich einem Macher nähern, brauchen Sie keine Angst haben, auch wenn er mit lauter Stimme Heldengeschichten zum Besten gibt, die er mit dynamischen Gesten unterstreicht. Jeder Bewunderer ist ihm willkommen. Sie können ihn gar nicht stören, solange Sie ihm begeistert zuhören. Als Agent hören Sie sehr genau zu und sammeln weitere Informationen über ihn, die Sie später eventuell brauchen für Ihre Mission, wie auch immer die aussehen mag.

Welchen der drei Typen – Analyst, Kontakter, Macher – würden Sie für welchen Auftrag einsetzen? Sie müssen kein einziges Wort mit ihnen sprechen und können dennoch eine treffsichere Einschätzung abgeben, allein durch Ihre gründliche Beobachtung. Agenten beobachten immer und überall, auch wenn sie das selbst nicht merken. Ihre Kompetenz ist ihnen unbewusst.

Besonders gut lassen sich Menschen entlarven, wenn sie gestresst sind und keine Kapazitäten haben, ihre Motive und Emotionen zu verbergen. Nun gut, dem Analysten ist auch Stress manchmal kaum anzumerken. Während ein Macher sich, wenn es hoch hergeht oder er sich ärgert, sichtbar aufregt, laut wird, flucht, man kann seinen Blutdruck im Gesicht ablesen, vielleicht sogar einmal mit der Faust auf den Tisch schlägt, bleiben die Gesichtszüge des Analysten unbeweglich, fast starr. Er scheint keine Emotionen zu haben. Das ist eine Fehleinschätzung: Man sieht sie nur nicht. Aber auch daran liest der erfahrene Agent so einiges ab. Er begeht nicht den Fehler, oberflächlich darauf zu schließen, der Analyst sei so cool. Nein, ist er nicht. Er wirkt nur völlig anders als der impulsive Macher und das erkennt der gute Beobachter, da er die Person zuvor gründlich studiert hat. Stress führt zur Verstärkung der Merkmale. Auch beim Kontakter, der seine Gefühle und Stimmungen stets deutlich äußert. Er fühlt sich besser, wenn er sich in schwierigen Situationen jemandem anvertrauen, sein Herz ausschütten kann.

Agenten begehen niemals den Fehler, einen Analysten für unmenschlich und einen Macher für unbeherrscht, einen Kontakter für naiv zu halten. Sie schauen hinter das Verhalten, erkennen den Typus und wissen ihn einzuschätzen. Und natürlich wissen sie über sich selbst Bescheid und kennen die Gefahr, von sich auf andere zu schließen. Je länger sie im Dienst sind, desto leichter fällt es ihnen, tolerant zu sein.

Wir alle sind ein bisschen anders. Dies stets zu berücksichtigen, macht das Leben einfacher. Es nicht nur zu beachten, sondern sich darauf einzulassen, macht das Leben noch schöner, nicht nur für uns selbst, sondern auch für alle anderen.

Und weil wir alle ein bisschen anders sind, unterscheidet sich auch unsere Menschenkenntnis. Letztlich stellt jeder für sich das zusammen, was sich bewährt hat. Als Agent blicken Sie dabei über den Tellerrand und erweitern Ihren Horizont kontinuierlich, sodass Ihre zukünftigen Missionen einer noch höheren Geheimhaltungsstufe unterliegen werden.

Agenten-Zertifizierung

Wenn Sie es bis hierhin geschafft haben, sind Sie weit gekommen. Doch der Weg ist noch lange nicht zu Ende – Agentenalltag bedeutet: von einer Mission zur nächsten. Und jedes Mal eine andere Brille aufsetzen, damit wir die Welt so sehen können, wie unser Gegenüber sie vielleicht sieht. Als Agenten beurteilen Sie andere Menschen nicht danach, wie Sie selbst etwas finden. Sie haben genügend Brillen zur Auswahl, um die Wahrnehmungsfilter anderer zu verifizieren und sich dementsprechend zu verhalten. Mit jeder weiteren Brille erwerben Sie eine neue Facette der Menschenkenntnis.

Freuen Sie sich gerade an jenen menschlichen Begegnungen, die Ihnen einiges an Gelassenheit abverlangen. So überprüfen Sie Ihre Kompetenz. Das gelingt am besten bei Zeitgenossen, die so ganz anders sind als wir selbst, deren Verhalten auf den ersten Blick weder zu verstehen noch zu durchschauen ist. Toleranz unter Gleichgesinnten ist kein Kunststück.

Gelingt es Ihnen, andere so sein zu lassen, wie sie sind? Gelingt es Ihnen, sie nicht abzuwerten? Sie vielleicht sogar ein Stück weit zu verstehen in ihrem Kosmos? Ihnen hier sogar entgegenzukommen, eine Sprache mit ihnen zu sprechen, sie in ihrer Welt zu motivieren? Dann sind Sie auf dem richtigen Weg, denn Sie sehen die Welt durch dieselbe Brille, die Ihr Gegenüber trägt. Geben Sie anderen Menschen das, was sie brauchen, und sie werden tun, was Sie wollen.

Sobald Sie dies beherrschen, haben Sie eines der größten Geheimnisse des Dienstes verinnerlicht. Willkommen bei den

V-Leuten. Aber behalten Sie es für sich. Und verraten Sie niemandem, woher Ihre Informationen stammen: Quellenschutz!

Sie waren niemals hier und haben dieses Buch niemals gelesen!

DES RÄTSELS LÖSUNG

Am Sonntagvormittag klingelte ich mit einem bunten Riesenblumenstrauß bei Frau Mühlthaler. Und kam ungelegen. Das Sonntagsrätsel im Radio dauerte zwei, nicht eine Stunde, wie ich es vermutet hatte. Den Blumenstrauß legte die alte Dame nachlässig in der Küche ab, dann nahm sie sofort wieder Platz auf ihrem Stuhl neben dem Radio. Das Wohnzimmer war wieder geheimdienstfrei. Wir waren niemals hier gewesen. Frau Mühlthaler griff zu Bleistift und Block und lauschte. Auf dem Tisch lagen mehrere aufgeschlagene Lexika, Zeitschriften, der Duden. Kein Computer, kein Internet. Frau Mühlthaler recherchierte und hatte eine Fährte aufgenommen. Hoch konzentriert arbeitete sie an der Lösung. Ich schaute über ihre Schulter auf das Blatt Papier vor ihr.

»Perspektivenwechsel«, kombinierte ich das letzte Wort.

»Ja!«, rief Frau Mühlthaler. »Das ist es! Anrufen! Sie machen das. Ich habe schon so viel gewonnen in meinem Leben.« Sie wählte und schob mir das Telefon zu. Es war grün, mit Wählscheibe. Das Freizeichen ertönte. Frau Mühlthaler reichte mir den Zettel mit dem Lösungssatz. Ich las ihn ab.

»Prima«, sagte die Telefonstimme. »Jetzt brauche ich noch Ihren Namen und Ihre Adresse für das Gewinnspiel.«

»Leo Martin«, sagte ich.

Und log. Denn Leo Martin ist nicht mein Name.

QUELLEN

Die Typisierung von Menschen in Macher, Analysten und Kontakter basiert auf dem Drei-Hirne-Modell (DHM) – Triune-Brain-Konzept – des amerikanischen Forschers Paul MacLean. Es liefert einen wissenschaftlichen Ansatz zur Erklärung menschlichen Verhaltens und menschlicher Individualität.

Verhaltenstypisierungen im Detail und Überblick basieren auf den Metaprogrammen des Neurolinguistischen Programmierens.

Erkenntnisse zur kriminalistischen Lügenerkennung basieren auf der Forschung des amerikanischen Wissenschaftlers Paul Ekman.

LITERATUREMPFEHLUNGEN

Litzcke, Sven Max und Schwan, Siegfried (Hrsg.): Nachrichtendienstpsychologie 1, 2 und 3; Schriftenreihe des Fachbereichs Öffentliche Sicherheit.

Nasher, Jack: Durchschaut! Das Geheimnis, kleine und große Lügen zu entlarven, München 2010

Schranner, Matthias: Teure Fehler, Berlin 2009

Carnegie, Dale: Wie man Freunde gewinnt, Frankfurt 2011

Kontakt zum Autor sowie weitere Informationen zum Thema unter: www.leo-martin.de

Starten Sie Ihre geheime Mission:

Finden Sie Leo Martin bei Facebook!

- werden Sie Teil der »Geheimen Gesellschaft«
- bekommen Sie regelmäßig inspirierende Impulse
- informieren Sie sich über Vortrags- & Trainingstermine
- bleiben Sie in Kontakt & stellen Sie Fragen